投资的

THE ELEMENTS OF INVESTING

常识

10周年纪念版

[美]

伯顿·马尔基尔
Burton G. Malkiel

查尔斯·埃利斯
Charles D. Ellis

著

朱振坤

译

中国人民大学出版社
·北京·

关于作者

伯顿·马尔基尔（Burton G. Malkiel）

普林斯顿大学汉华银行经济学讲座教授，著有畅销书《漫步华尔街》。曾任美国白宫经济顾问委员会委员、耶鲁大学商学院院长、普林斯顿大学经济系主任和多家大企业的董事。

查尔斯·埃利斯（Charles D. Ellis）

在多家公共和私立机构担任投资顾问，连续30年在国际商务战略咨询公司格林威治公司担任管理合伙人。现任怀特黑德生物医学研究所主席、罗伯特·伍德·约翰逊基金会理事和主席，曾任先锋基金董事、耶鲁大学投资委员会主席和学校理事。曾在哈佛大学和耶鲁大学讲授投资课程，撰有17本著作，包括畅销书《高盛帝国》《赢得输家的游戏》。美国艺术与科学院成员。

10 周年纪念版推荐序

1999 年奥莎拉·麦卡迪女士去世了，享年 91 岁，临终前她给美国南密西西比大学捐赠了 15 万美元。为了感谢她的慷慨，南密西西比大学向麦卡迪女士授予了荣誉学位，联邦政府给她颁发了总统公民奖章，这是美国公民能够获得的第二高的公民荣誉。麦卡迪女士的捐赠非比寻常，这些钱都是在洗衣房辛苦劳作赚来的。

小时候，麦卡迪女士的妈妈就教育她做一个节俭的人。她量入为出，只购买生活必需品，从不买任何奢侈品。她的电视机是二手的，只收看免费的无线频道；没有买车，去哪里都选择步行；住在叔叔留给她的房子里。辛勤工作多年，她积攒了可观的财富，达到 25 万美元。

麦卡迪女士是自律储蓄者的典范。她的事迹体现了自制力的强大能量——通过节俭就能积少成多。这是所有成功财务计划的第一步，也是伯顿·马尔基尔和查尔斯·埃利斯在这本了不起的书中要教给我们的第一课。

过去几十年里，马尔基尔的《漫步华尔街》和埃利斯的《赢得输家的游戏》帮助数百万人理解投资的基础知识，帮助他们实现理财目标。而在这本《投资的常识》中，马尔基尔和埃利斯把多年积累的智慧和经验提炼成一套切实可行的方法，帮助普通人更好地存钱和投资。

某些资产管理人提醒说，只有经验丰富和天资聪颖的专业人士才能取得投资的成功。当然，这些管理人宣称自己就属于这个小圈子。马尔基尔和埃利斯则认为，投资并不是少数精英的游戏。就像橄榄球比赛一样，决定胜利的不是最强的四分卫，比赛的胜利来自防守端。投资者也必须学会用防守赢得胜利。

《投资的常识》向读者展示了一张路线图，这张路线图能指导我们增加储蓄以实现个人理财目标。本书从一些最基本的问题切入，比如，你什么时候需要用这笔钱？你可以承受多大的投资风险？回答这些问题，能够帮助你在股票、债券和现金之间进行合适的资产配置。

资产配置要均衡，投资工具要多元化。作者强调，最重要的是，投资费用要低。关于投资，有一点是确定的：在一定的收益率下，投资费用越高，投资者赚到的就越少。作者给出的结论是：执行理财计划最好的工具是低成本的指数基金。

就像橄榄球比赛中搂抱和缠斗持球的对手一样，作者给出的战术一点也不酷。但是，我斗胆说一句，如果大多数投资者都采纳本书的投资策略，他们的收益会好得多。事实上，这也是我们先锋基金所倡导的投资策略，多年来，我们正是用这套投资策略给客户带来了良好的收益。

专家每天给我们洗脑，声称过去的方法不再适用。他们认为，投资者应该放弃过去"买入—持有"的投资策略，变得更加机会主义。马尔基尔和埃利斯反对这一观点。坦白地讲，那些专家的观点是老生常谈了。直觉上，聪明的投资者能够分辨市场的高点和低点，但是绝大部分聪明的投资者的投资回报都没能超越那些墨守成规的低成本的指数基金，这正是本书作者所揭示的。未来的情况会有所不同吗？作者再次确认了他们在前一版中的观点，并提供了更多的证据。多元化和投资组合调整、定投以及低成本的指数化是获得投资成功的最佳方法。

　　这本书是所有投资者的必读书——无论你是投资新手还是老手。它还应该成为中学生必读书，越早了解复利的威力，受益就越大。对投资老手来说，阅读本书能发现自己的各种错误观念和行为偏差，扫清通往投资成功道路上的障碍。为了确保自己不受危险的欲望引诱而犯错，你应该每隔几年就重读一次本书。

　　在我的职业生涯中，我反复见证了本书所阐述的那些简单的原理，帮助许多普通人获得了不平凡的投资业绩。

乔治·索特

先锋基金前首席投资官

初版推荐序

　　《投资的常识》是投资界两位伟大的思想家，伯顿·马尔基尔和查尔斯·埃利斯，发挥聪明才智创作的一本极为出色的投资指南。他们已经写出了金融界最棒的两本书，马尔基尔的《漫步华尔街》和埃利斯的《赢得输家的游戏》，本书为何要再次阐述之前两部经典著作讨论的话题呢？因为现实情况令人遗憾，虽然市场上不乏有关个人投资的书籍，读者却极少能听到富有理性智慧的声音。两位大师撰写本书正是为了服务所有普通读者，去除累赘的叙述和艰深的理论，回归最精髓的部分。他们真正遵循了爱因斯坦的名言："任何事物都应该尽可能地简单，但不要过于简单。"

　　在管理资产组合的过程中，投资者可以利用三种工具管理资产组合——资产配置（asset allocation）、买卖时机选择（market timing）和投资标的选择（security selection）。资产配置需要对投资的每一类资产设定长期目标。买卖时机选择是短期操作，与长期资产配置目标是背离的。投资标的选择指的是投资者在各种资产类别里选择标的来构建投资组合。

马尔基尔和埃利斯正确地把资产配置作为关注的重点，因为投资者超过 100% 的收益都是由资产配置决定的。怎么会超过 100% 呢？因为买卖时机选择和投资标的选择涉及大量的费用，支付给外部咨询顾问管理费，支付给华尔街券商交易佣金。这意味着上述费用从投资者流向了中介机构，因为整体费用较高，投资者跑不赢市场。因此，买卖时机选择和投资标的选择这两个昂贵的环节降低了投资者的收益，这就是资产配置决定了 100% 以上投资收益的原因。

马尔基尔和埃利斯发现投资者总是作出适得其反的择时交易，追涨杀跌。通过对共同基金的反复研究发现，投资者高买低卖，在错误的择时中不断造成损失。两位作者给出了合理的建议：投资者应该采取长期一致的投资策略，并且坚持执行。

投资标的选择这个环节进一步降低了投资回报。马尔基尔和埃利斯引用的数据令人沮丧，大部分主动型基金败给了管理费低、被动跟踪市场的指数基金。而这些惨淡的数据仅仅揭示了冰山一角。马尔基尔和埃利斯只引用了现存的共同基金的数据，这部分基金业绩相对较好，存活下来了。那些业绩糟糕的失败基金都销声匿迹了，根本无法衡量其业绩。证券价格研究中心（Center for Research in Security Prices）统计了所有共同基金的数据，包括那些已经关停的基金。截至 2008 年 12 月，该中心追踪了 3.9 万只基金，只有 2.6 万只基金还在运行。那 1.3 万只关停的基金的数据没有出现在有关基金收益的研究中，因为找不到它们当前的数据。无论是关停的还是仍活跃的基金，它们失败的教训进一步验证了马尔基尔和埃利斯的建议——投资者应该选择管理费低、被动型的指数基金。

当然，即使本书短小精悍，还是可以鸡蛋里挑骨头。在我看来，自有住房更多的是消费产品，而不是一项投资资产。而且，我对书中默认个人能够成功选择投资标的持怀疑态度。（现代金融界的两位顶级投资大师找到了跑赢市场的方法，这很奇怪吗？是的，他们会挑选股票——而我们办不到。）我特别推荐先锋基金以及美国教师退休基金会（TIAA-CREF），它们基于非营利性的原则来运作，从而消除资产管理业界普遍存在的盈利动机和信托责任之间的冲突。除去这些吹毛求疵的问题之外,《投资的常识》确实给读者提供了重要的、基础的、有价值的信息。

20 世纪 70 年代，我在耶鲁大学攻读博士学位，导师是诺贝尔奖获得者詹姆斯·托宾。他建议我阅读《漫步华尔街》，以了解股市是如何运行的。伯顿·马尔基尔这本杰出的著作给我的学术研究打下了重要基础。20 世纪 80 年代中期，我重新回到耶鲁大学，负责管理耶鲁捐赠基金，又读到了《投资策略》，也就是《赢得输家的游戏》的前身。查尔斯·埃利斯这本非凡的著作从各个方面影响了我的投资管理方法。现在，伯顿·马尔基尔和查尔斯·埃利斯又为我们写出了这本精彩的关于投资的入门读物。听取他们的忠告，走向成功吧！

大卫·史文森

《非凡的成功——个人投资的制胜之道》作者

耶鲁大学基金会前首席投资官

10周年纪念版前言

除非经过努力、痛苦和困难，否则你不可能拥有或者完成任何事情。

——西奥多·罗斯福（1910）

一个普遍存在的误解是成功投资需要很多钱，需要构建复杂的投资组合，或者需要详细了解市场下一步的动向。真相却是，最简单的方法有时最有效。马尔基尔和埃利斯在《投资的常识》这本大师级著作中阐述了清晰、简单的投资方法，任何投资者都可以遵循这些方法，随着时间的推移而增加自己的财富。

棘手的问题是：一些事情很简单，但并不意味着很容易。如果有人尝试过执行新年制定的减肥和锻炼计划，就会明白我的意思。第一天充满了斗志和激情，到了第七天，最初的雄心壮志已经被消磨，到第 30 天，大部分人恢复了从前的作息习惯。

投资很难，不是因为它很复杂，而是因为它需要耐心和坚持。马尔基尔和埃利斯的建议简单又原则明确，容易转化为实盘操作。先锋基金曾经研究过《投资的常识》概括的最佳实践，并计算了投资者按照这些方法所获得的收益。整体上，如果投资者构建一个低成本的投资组合，适时进行投资组合调整，利用税收优惠，不追求过高的回报，那么每年净收益率可以增至3%。严格采用这种方法，一个平衡的投资组合在 25 年后最终的投资回报是没有采用这种方法的两倍。

无论新闻媒体上的专家说什么，投资热门股或者押注市场未来的走势都不是积累财富的正途。诸如买房、送孩子上大学或者积攒退休金，实现这些重大的财务目标并没有捷径可走。有效的投资策略并不光鲜亮丽，甚至是乏善可陈的（除非你像我一样，看到数百万客户因严格遵守原则并获得投资成功而欣喜），警惕那些将投资和赌博混为一谈的手机软件和网站。投资是随着时间积累财富的过程；频繁的投机交易与赌场之旅大体相当，可能会有片刻的欢娱，但赌场才是最后的赢家。

《投资的常识》揭示了纷繁复杂的错误观点和经过时间检验的确定性原则，任何投资者都可以遵循这些投资原则进行投资，本书可以成为你投资之旅的好伙伴。无论你是刚刚进入股市的独立投资人，还是从业多年的专业投资者，遵循作者的建议都会大有裨益，能帮助你实现财务目标。

蒂姆·巴克利

先锋基金董事长兼 **CEO**

前 言

经过长达112年的学习和实践 [1]，我们写出了这本《投资的常识》，我们希望过去能够一直遵循书中所述内容去投资。经验可能是最好的老师，但学费非常昂贵。我们的目标是给个人投资者——包括我们可爱的孙子——提供可以一生受用的储蓄和投资的基本原理，一切都浓缩在这本薄薄的小册子里，不到两小时就能读完。市面上有许多关于投资的好书（的确如此，我们自己就写过几本），但绝大多数谈论投资的书籍厚达400页甚至更多，内容纷繁复杂，让普通人望而却步。

大多数人可能既没有耐心也没有兴趣坚持看完那么多的内容，只想把最重要的事情弄懂。当然，了解如何正确作出金融决策，避免重大投资错误才是至关重要的。

---

[1] 马尔基尔58年，埃利斯54年。

这正是我们写这本简单易读的投资小书的原因，里面只包含最重要的事情。如果你恰好熟悉小威廉·斯特伦克和怀特合著的经典著作《文体指南》，你会发现，是他们给本书提供了原始的创作灵感，即这本书为什么如此简洁。如果你没听说过斯特伦克和怀特，没关系，只需要知道他们把强大的写作艺术浓缩成几条基本原则即可。在90多页的书里，他们分享了所有关于写作的真正重要的事，简洁和准确是《文体指南》显而易见的优点。几十年来，斯特伦克和怀特那本薄薄的小书持续畅销。毋庸置疑，它将是一本传世佳作。

现在，我们大胆地树立了目标，用同样的方式，陈述同样重要的话题——如何投资。令人惊奇的是，如此令人兴奋的话题中，每一件重要的事情都可以简化成几条原理，一只手就能数得过来。如果你没有被复杂的税收制度弄晕的话，投资是非常简单的事情。这几条原理确实能带来巨大的改变。

我们承诺：花时间阅读本书绝对值得，你将走上实现个人长期财务安全的坦途。一生中，你可以随时重新拿起这本小书，回顾有关内容，提醒自己赢得"输家的游戏"的关键是什么。

目 录

一切从存钱开始

这是一本关于投资的简短、开门见山的小书。我们希望帮助你制定更好的投资决策，走在一生财务成功的路上，最终实现财务安全，特别是拥有舒适、有保障的退休生活。

不要听信传言，所谓的普通人做不了投资，投资太复杂。我们想给你展示，每个人都可以作出正确的金融决策。但是，如果你没有钱或者能用于投资的钱很少，那么投资回报是 2%、5% 还是 10% 并不重要。

所以，一起从存钱开始。

如果你没有钱或者能用于投资的钱很少，

那么投资回报是 2%、

5% 还是 10% 并不重要。

第一章

存钱

第一章

存钱

存钱吧。一开始存多少钱并不重要，重要的是养成终身定期存钱的习惯。越早开始越好，正如某家银行的标语所说：

积少成多可以小有积蓄，但你必须行动起来。

致富的捷径很简单：把开销压缩到收入之下——魔法被唤醒——你开始变富，因为你的结余不断增加。你会有更多的钱，超过日常所需。无论是刚毕业的大学生，还是千万富翁，变富的道理都是一样的。我们都听说过不少这样的故事：一个普通教师，度过了俭朴又快乐的一生，留下 100 多万美元资产——这是一辈子的理性消费所结余的巨大财富。我们由此知道一个重要的事实：她是一个储蓄者。

但也存在另外一种情况。真人真事，有人年收入 1 000 多万美元，却常常入不敷出，因此不断找家族信托基金的受托人要钱。为什么呢？因为他的生活过于奢侈——私人飞机，多所豪宅，频繁收藏艺术品，花天酒地，诸如此类。可悲的是，他并不快乐。

在狄更斯的《大卫·科波菲尔》一书中，威尔金斯·米考伯提出一个著名的论断：

> 年收入 20 英镑，年支出 19.196 磅，生活幸福。
>
> 年收入 20 英镑，年支出 20.06 磅，生活困苦。

存钱对我们来说是好事，原因有两点。一个原因是，避免将来后悔。正如诗人约翰·格林利夫所写，"所有表达悲伤的词语中，最悲伤的是'本来可以'"[1]。"我本应该"和"我希望我曾经"是另外两个最悲伤的词语。

另一个原因是，我们大多数人都非常享受存钱的过程

---

[1] 这句诗出自格林利夫 1856 年所作的《莫德·穆勒》。

和结果，这给我们带来额外的安全感和成就感——无论是将来还是现在，存钱的人都拥有更多的选择权。

将来不后悔，这点对我们所有人来说都很重要，或者在将来会很重要。当下不后悔同样也很重要。做一个理智的储蓄者是好事，但不要贫困度日。因此不要过度存钱。你要寻找那些可以反复使用的存钱方法，然后把这些方法变成你的新习惯。①

储蓄的真正目的是帮助你更好地处理重要的事情，而不是让你单纯作出牺牲。你的目标不是"从牙缝里省钱"，或者压榨自己。完全不是！你的目标是让自己过得越来越好，作出最适合自己的何时花钱的决策。存钱让你有可能在将来抓住那些对你来说重要的机会。存钱可以让你安稳退休、购买新房子或者送孩子上大学。把存钱当作一种生活方式，能帮助你得到更多自己真正想要的、需要的以及喜欢的东西。让存钱成为你的益友吧。

---

① 或者像马尔科姆·格拉德威尔在《眨眼之间：不假思索的决断力》给出的建议，你应该变得更高一些。身高超过 6 英尺的人，年收入会多出 5 000 美元，因为我们的社会喜欢身高更高的人，他们能找到薪酬更高的工作。

↳ 首先别犯错

存钱的第一步是停止超支——入不敷出，尤其是透支信用卡的行为。关于储蓄和投资很少有绝对原则，但我们这里就有一条：永远、永远、永远不要背上信用卡债务。这几乎是一条神圣不容侵犯的原则。创作《呆伯特》连环画的斯科特·亚当斯把信用卡称为"金融界的强效可卡因，一开始，免费让你获得即时的满足感，但紧接着，你再也无法抵挡高档百货商场商品的诱惑"。

信用卡借贷好极了，但不是对你而言。信用卡借贷对放款人来说才是好极了，或者说只有他们才是受益者。信用卡非常便利，但任何好东西都有一个限度。信用卡额度不是你的可负债额度。对信用卡来说，唯一合理的额度是负债为零。

信用卡消费很诱人，但一不小心你就会滑入深渊——背负无法偿还的债务。银行似乎永远不会让你还钱，而是非常"仁慈"地让你每月还很少的钱。轻松，简直太轻松了！但你的债务会越积越多，直至收到最后通牒，你透支太多，贷款利率上调，你必须从借贷模式切换为还贷模式。你不仅仅背上了信用卡债务，而且遇到了大麻烦。如果你不乖乖地听银行的话，就会面临诉讼。切记！切记！永远、永远、永远不要透支信用卡。

↓ 尽早开始存钱：时间就是金钱

缓慢但确定能变富的秘诀就是，神奇的复利。据说爱因斯坦就曾把复利称为世界上最伟大的奇迹。简单来说，复利指不但"最初的本金可以生钱"，而且"钱生出来的钱还可以继续生钱"。

缓慢但确定能变富的秘诀就是，

神奇的复利。

为什么复利的力量如此强大？我们用美国股市的例子来说明。过去 100 年，美国股市的年平均收益率接近 10%。当然，每年的数据不一样，时高时低，但为了更好地说明问题，我们可以假设每年的收益都是 10%。如果你最开始投资 100 美元，第一年过去，你的资产将变成 110 美元，

100 美元本金加上 10 美元收益。把这 10 美元收益留在账户里再投资，第二年你的本金就是 110 美元，收益则为 11 美元，也就是第二年结束的时候，你的资产就是 121 美元了。第三年，你的收益为 12.10 美元，资产变为 133.10 美元。依此类推，第十年结束的时候，你将拥有 260 美元的资产。如果每年只用 100 美元的本金，那么每年只能获得 10 元的收益，最终的收益要少 60 美元。这就是复利强大的力量！

↓ 神奇的 72 法则

你知道神奇的 72 法则吗？如果不知道，现在就学习，并且永远牢记在心。这个法则很简单，而且解释了复利的神秘之处。72 法则即 $X \times Y = 72$。其中，X 为你的资金翻一倍所需的年数；Y 为你的资金的收益率，用百分比表示。

我们来看一个例子：用 10 年的时间让你的钱翻一倍，需要多高的收益率？答案是，10 乘以 Y 等于 72，那么 Y 等于 7.2，即收益率为 7.2%。

72 法则的另一种用法是计算资金翻一倍的时间，用 72 除以收益率。举例：收益率为 8%，多长时间后你的钱能够翻一倍？答案是 9 年（72 除以 8 等于 9）。

再来看一个例子：收益率为 3%，多长时间能让你的钱翻一倍？答案是 24 年（72 除以 3 等于 24）。

现在换个场景，如果有人告诉你一项投资能够让你的钱 4 年翻一倍，他承诺的每年的收益率为多少？答案是 18%（72 除以 4 等于 18）。

任何人，只要懂得 72 法则，就能自然而然地得出以下结论：10% 的收益率能让你的钱在 7.2 年翻一倍，并在未来的 7.2 年再翻一倍。那么不到 15 年（确切地说，是 14.4 年），你的本金就变成了 4 倍——28.8 年后变成 16 倍。

因此，如果你现在是 25 岁，在一家昂贵的餐厅省下一杯红酒的钱用于投资，30 年后，这笔钱的复利效应就能让你和爱人在同样的餐厅享用一顿丰盛的晚餐。复利的魔力说明，早一点开始存钱和投资是非常有好处的。让这种魔力全年无休地为你赚钱，多么神奇！

时间就是金钱，的确如此，但正如乔治·伯纳德·肖所说，"少年不懂惜韶华"。要是我们年少时就懂得现在所知的道理该多好啊。如果钱能长期产生复利，累积效应是非常可观的。如果乔治·华盛顿从第一笔总统工资里取出 1 美元，以 8% 的年均收益率投资出去——8% 是美国股市在过去 200 年的平均收益率——那么今天他的后代就坐拥 800 万美元的财富了。每次在 1 美元钞票上看到华盛顿头像的时候，请务必想想这一点。

放下这些假设，来看看本杰明·富兰克林给我们提供的一个真实的案例。富兰克林 1790 年辞世，他给自己最爱的两座城市——波士顿和费城，各留下了 5 000 美元。他明确要求，这两笔钱要用于投资，只有两个特定的时间才能取出，赠予之后的第 100 年和第 200 年。第 100 年时，每个城市可以取出 50 万美元用于公共设施建设。第 200 年时的 1991 年，每个城市都收到了全部余额，复利积累了大约 2 000 万美元。富兰克林的例子，用非常戏剧化的方式向我们展示了复利的力量。富兰克林自己喜欢这样来描述复利："钱生钱，钱生出来的钱继续生钱。"（Money makes money. And the money that money makes, makes money.）

用机会成本的概念来看待这个问题，你花掉的每 1 美元都不仅仅是 1 美元，要考虑它在你退休的时候可能值多少。年轻时在不重要的事情上多花 1 美元，意味着你退休后损失 10 美元甚至更多。

再来看一个现代双胞胎兄弟的案例，威廉和詹姆士，他们现在 65 岁了。45 年前，威廉 20 岁，他创建了一个退休金账户，每年年初将 4 000 美元投放到股市里。20 年后，共积累了 80 000 美元，他不再继续新增投资，把这笔资金留在账户里。这笔钱的年均收益率为 10%，而且是免税的。他的双胞胎兄弟詹姆士，40 岁才开始创建退休金账户（恰好是威廉停止存钱的那一年），每年存入 4 000 美元，持续 25 年，总计投入 10 万美元。请问，当两兄弟 65 岁的时候，哪一个人的资金更多？答案是惊人的：

- 威廉的账户资金为 250 万美元。
- 詹姆士的账户资金不到 40 万美元。

威廉轻松获胜。尽管他投入的本钱要比詹姆士少，但最后得到的回报却多出 200 万美元。越早开始投资并充分利用复利效应，你就能积累越多的财富。我们可以从实际的股票投资中，找出几十个类似的案例。投资者 A 起步早，但运气差，每年都投资在股市高点上。投资者 B 起步晚，但确实是世界上运气最好的投资者，每年投资都碰上股市低谷。结果是，尽管 A 投入的资金较少，选择的时机也最差，但最终还是会积累更多的财富。

有好运气能够选择合适的市场时机出手，固然是不错的，但时间远比时机重要得多。我们总能找到各种理由推迟退休金的储蓄。你千万不要这样做。让时间成为你的朋友。想要确定无疑地变富，你必须作出明智的选择——这意味着慢慢来——但现在就要开始去做。

和所有的理财工具一样，72 法则也需要善用。有利于你的时候，它是很棒的；不利于你的时候，它会变得很可怕。这正是透支信用卡非常危险的原因。对信用卡借贷来说，18% 的利率是很"正常"的。一旦你没能按时还款，就要支付利息的利息——利滚利，再滚利。

信用卡透支恰好是明智投资的反面。你难道不愿意拥有一个复利增长如此迅猛的投资产品吗？你当然乐意。我们每个人都想要。按照 18% 的利率，债务 4 年就翻一倍——再过 4 年又翻一倍。天哪！8 年就变成了 4 倍，而且还在继续复利增长！这就是银行总在向不知情的民众广泛发放信用卡的原因。这也正是你绝对不能透支信用卡的原因。

↯ 精明储蓄

读到这里，你可能已经开始抱怨了："我知道，为了确保舒适的退休生活，赚的要比花的多。还知道，定期存钱是积累财富的关键，但我就是入不敷出呀！"在本章中，我们会为你提供这方面的帮助，给出一些实用的储蓄建议。当然，成功与否取决于你。

存钱就像减肥，都需要自律和正确的理论指导——树立关于自律的正确观念。从一个简洁有力的观点入手：苗条的人喜欢保持苗条，存钱的人喜欢存钱。对大多数人来说，成功储蓄的关键是把存钱当作游戏，一个自我控制的游戏，即使日常周遭充斥着各种诱惑，也要作出更有价值的选择。

无论存钱还是控制体重，成功的人都专注于它们带来的好处。存钱的人乐于存钱，乐于享有存款，就像减肥的人乐于保持苗条的身材，保持最佳状态，得到别人的赞许，保持健康，确信自己可以更长寿。存钱的人掌控自己的财务状况，以确保个人经济独立和未来幸福，这让他们内心感到满足。

世界公认的最伟大的投资者沃伦·巴菲特，尽管他的资产多达数百亿美元，仍以节俭的个人生活而著称。对巴菲特来说，早年花掉 1 美元，相当于损失了 7 美元、8 美元，甚至更多——如果当初那 1 美元用来投资，随着时间的推移，他就能赚回这么多的钱。

大部分储蓄者享受存钱的过程，大部分减肥者也享受控制体重的过程，因为他们专注于实现目标的好处，就不会认为快乐被剥夺，而是觉得在朝着目标不断进步。一步步靠近目标的过程中，他们获得了快乐以及成就感。

你也可以做到。

存钱的秘诀是保持理性。保持理性很简单，但并不意味着很容易，因为我们都是普通人，在成为储蓄者和投资者方面，天生就有各种缺陷。对我们大多数人来说，尝试变得理性的最佳方法是和一个或几个好友开诚布公地谈论这个话题。选择你的爱人效果最好，因为你和爱人对彼此来说都非常重要，你们相互依赖。

坦诚地交流之后，如果你对自己的支出还算满意，那就太好了。继续保持！然而，如果你像大多数人那样，发现一些你不太满意的地方，就把这些不足当作改进的空间。

最简单的存钱方法是避免所有的冲动型消费。去商场前写好购物清单，并且严格按照清单采购。这不仅能帮助你弄清楚花钱买了什么，还能弄清楚为什么买。当你和爱人或朋友一起购物的时候，练习"双票通过"购物模式：除非两人都赞成，否则不买。

储蓄使你有更多的钱在将来可以使用，让生活变得更好。通过自我观察学习如何才能更有智慧地花钱和存钱。目标很清晰：在一生中尽可能地得到你真正想要的。

每个月或每两个月，检查你所有的支出情况，包括信用卡账单。每一项支出都给你带来对等价值的回报了吗？这些支出对你来说同样重要吗？答案很可能是否定的。那么看看重点关注的少数几个存在问题的项目，如果去掉其中的一两项，你仍然拥有同样的快乐和美好回忆吗？能不能找到别的满意的替代方式呢？

你有没有因为朋友、销售员或广告的怂恿，花了比原计划更多的钱？是不是仅仅为了炫耀或攀比，或者有那么一点点炫耀的动机？几乎每个人都会受到周围人的影响，因此，你很有可能也被身边的人影响了。请多花一点时间，自主决策。

下面是一个简单的测试，检验你是否会受到邻居看法的影响：如果一项花费只有你一个人知道，你还会花这笔钱吗？据我们所知，害怕自己落伍掉队是消费的一个重要动机。我们希望像朋友们一样，并不是只有青少年群体穿着从众。这也正是普拉达、纪梵希和保罗等品牌这么有价值的原因。

仔细看看你的消费记录，把它汇总成三类：物超所值、物有所值和价值不确定。然后反复审视，找出一些对你来说价值不高的消费，不要在上面再浪费钱！把省下的钱放到存钱罐里或者存入银行，就像松鼠储备坚果准备过冬那样。

住在一家酒店的简单朴素的小房间里，你真的会介意吗？如果你执意认为自己应该选择更好的房间，好吧，随你。但如果你不是那么介意，这就是一个省钱的好机会，存下的钱可以花在那些你真正在意的东西上。

对于城市居民，有人认为选择乘坐地铁要比打出租车划算，因为地铁票价便宜而且更快捷。但对另一些人来说，为了搭乘出租车多花钱是值得的。有时候，偏好完全不同的人能够彼此愉快地相处，他们的秘诀是求同存异和制定规则。

本书的作者之一喜欢葡萄酒，对此颇有研究，而且收藏了不少好酒。在饭店点酒的时候，他就像逛商场一样精心挑选性价比最高的，几乎总能够以实惠的价格享用到好酒。他非常享受这种挑选的过程以及有好酒相伴的就餐。另一位作者从来不喝红酒。萝卜青菜，各有所爱。

有很多省钱的小窍门，也有很多存大钱的秘籍。让我们分别来学习。

↓ 省钱的小窍门

下面是一些小细节上省钱的窍门，很有趣也很有效，能积少成多。

- 在每年的 12 月 26 日或 27 日购买下一年的圣诞节贺卡。
- 外出吃饭，先选两道都想吃的菜，点其中那道便宜的，这样差价就省下了。或者多点一道开胃菜——开胃菜一般口味最好，还可以省下更多钱。

- 外出看电影要买票，要付停车费，还要找人照顾小孩，不如在视频网站上看，还可以自制爆米花，喝冰箱里的饮料。

- 上亚马逊购买二手书，包括最新的畅销书。

- 冬天的时候把暖气温度调低几度，穿件羊毛衫。

- 早晨喝咖啡时，把 5 美元一杯的拿铁换成普通咖啡。

- 记录所有的消费支出。你可能会发现正要购买的很多东西根本用不着。

- 每晚把口袋里的零钱拿出来，放到存钱罐里。积少成多，最终够你去度个假。或者每月月底取出来存入投资账户。

- 车险选费用低的，如果驾驶记录好，还能进一步打折。

- 下一次度假，挑选一个有趣的地方，但要淡季去；或者去美丽的国家公园露营，而非去纽约或者巴黎。

✦ 存大钱的秘籍

下面是一些大处省钱的方法，切实可行。

- 如果需要购买人寿保险，选择本地商业银行或网上
  销售的价格便宜的定期人寿保险。

　　因为人们的寿命在延长，定期人寿保险的费率一直在
下降；保险公司更擅长按风险偏好细分客户，针对商业银
行客户的定价较低；互联网降低了保险的销售成本。(可
以上 Term4Sale.com 和 Accuquote.com 看看。) 40 岁的男
性购买一份 20 年的 10 万美元定期寿险，10 年前需要每
年支付 1 300 美元；现在每年只需要支付 600 美元。太省
钱了。

- 选择管理费用低的投资产品。我们稍后会向你介绍
  有哪些管理费用低的投资产品，以及如何投资。
- 买车的时候，选择较新的二手车，选择小型车，最
  好二者兼顾。
- 购买车险和火险的时候，选择高免赔额的，自行避
  免一些小风险。保险的大多数费用都花在了大量的
  小额赔付上。而大部分情况下，这些小额赔付你可
  以自己解决，用保险来应对那些不常发生但损失惨
  重的问题。

- 把你现在的消费水平下调到两三年前的水平。
- 让雇主把你每周工资的 5% 或 10% 自动转存到免税的投资账户里。如果你是自雇者，这样做也可以让你少纳税，并且避免你把赚的钱都花光。
- 执行"明天多省一点"计划。这个计划要求你从下一年多赚的钱中省下一部分。

　　用机会成本的概念来看待这个问题，你花掉的每 1 美元都不仅仅是 1 美元，要考虑它在你退休的时候可能值多少。本杰明·富兰克林有句名言——省 1 分钱就是挣 1 分钱。他是对的，但并不完全正确。原因可以用 72 法则解释，如果你把钱省下来用于投资，假设年收益率为 7%，今天的 1 美元 10 年后就是 2 美元，20 年后就是 4 美元，30 年后就是 8 美元，依此类推，不断增加。因此，年轻时在不重要的事情上多花 1 美元，意味着你退休后损失了 10 美元甚至更多。

　　如果读到这里，你还需要一点东西来加强自律，请记住人们说的，世界上最悲伤的事情莫过于，人还没死，但养老钱已经花光了。

↳ 让政府帮助你省钱

纵观历史，人们总是使用各种办法避税。几百年前，托斯卡纳公爵征收盐税，当地面包师就研发出不需要放盐的面包，结果成了今天著名的托斯卡纳无盐面包。如果你去阿姆斯特丹旅游，你会发现几乎所有的老房子都是又狭窄又高大的。它们之所以建成这个样子，是为了最大限度地少交房产税，当时的税收是根据房子的宽度来计算的。再来看看另一个和建筑有关的例子，法国的折线形屋顶设计。法国房产税通常根据一栋房子里的房间数来计算，因此，二楼或三楼的房间和一楼的房间是同样对待的。但如果采用折线形屋顶，顶层的房间就算作阁楼，不计入房间总数，从而合理避税。所以，我们要继承前人的优良传统。合理避税应当成为你管理个人财务的一个重要目标。通过合理避税，你能省下更多的钱去储蓄或者投资。

我们可不是建议你欺骗政府！千万别这样想。但我们强烈建议你充分利用各种途径合理避税，而且让储蓄和投资免税增长。

在美国，人们总是入不敷出，消费过高，存款不足，负债累累。作为一项国策，税收从各个方面激励美国民众增加储蓄。但仍然有很多人根本没有利用这些政策带来的优惠。除了特别富有的人群，每个人都没有任何理由要为那些用来养老的钱纳税。我们在本书末的附录中介绍了各种适用的工具。

↳ 购买自住房

在《哈姆雷特》中，普罗尼尔斯说："既不借钱，也不给别人贷款。"和之前一样，莎士比亚又说对了。但再好的经验都有特例，就这件事情而言，特例是个人住房抵押贷款。尽管我们前面说过永远不要背负信用卡债务，但住房贷款有下面四点好处：

1. 年轻父母可以借此买个好房子，给孩子创造一个良好的成长环境。

2. 银行对房贷会认真审核，会根据你的收入水平贷款，不会贷出超过你偿还能力的钱。（之前的 70 年都是如此。可是，最近几年我们得到了一个惨痛的教训，银行放出的贷款太多，导致全球的金融危机。现在，房贷又重回正轨了。)

3.房贷是一种比较特殊的债务：什么时候还清贷款，由你说了算。(欠债则不一样，就拿信用卡债务来说，什么时候还款由银行说了算，而且常常在你不方便的时候催债。)记住购买房子的抵押贷款有税收优惠。房贷利息可以抵税，这样山姆大叔通过减税又给了你帮助。

4.房贷利率远远低于信用卡还款利率。

100多年来，房价一直随着通货膨胀而上涨，因此，房子常常被视为一种不错的抗通胀资产。当然，2006—2008年房地产泡沫时期例外。现在房价已经重回合理水平，房产也重新成为家庭的明智选择。

↰ 如何奋起直追

现在你可能会说："我希望早在20多岁就读了你的书。但我并没有更早地开始存钱或还清债务。现在，我都五六十岁了，几乎没有什么存款。还有什么办法能缩小差距吗？"

幸运的是，答案是肯定的，美国政府提供了一些额外的税收激励政策帮助你迎头赶上。但这不是件容易的事。要弥补失去的时间，需要自律地执行存钱计划——现在就开始。针对年龄超过 50 岁的个人，美国税法有额外的优惠，他们可以向免税退休金账户缴纳更多资金。通过加入雇员退休 401（k）计划或者个人退休计划，缴纳更多的资金，年龄大的投资者可以少交税，并确保所有的投资收益能够避税。

当你考虑退休生活的时候，有很多不确定性，但有一点是确定的：少花一点，就能多存一点，而多存一点至关重要。精简目前的生活方式并开始存钱，这样做永远不晚。你可以考虑把大房子卖掉，搬到简朴一些、便宜一点的房子里。或者搬到房价较低的地段，那里的消费水平和税费也相对较低。虽然可供选择的方案都不怎么轻松，但通过自律，你可以缩小之前造成的差距。

你或许会考虑推迟几年退休，法律并没有规定，60 岁、65 岁甚至 75 岁是必须停止工作的年龄。事实上，70 多岁的人如果能保持工作状态，哪怕做点兼职，都会比无所事事的人更健康和机敏。推迟退休——最大限度推迟到 70.5 岁——将会使你的社保账户以每年 8% 的收益率增长。相比选择尽早退休的 62 岁，推迟到 70.5 岁退休，你的社保收益将显著增长 76%。此外，只要你还活着，就会持续受益，并可以免受通胀的损害。你可能还会在其他方面受益，社保的收益按照你收入最多的 35 年来计算，而你 60 多岁的时候收入很可能比 20 多岁时多很多。

继续工作的另外一个好处是很明显的，对于大多数人而言，60 多岁是最佳的储蓄年龄，收入比较高，孩子们大多已经独立，房贷也还完了。再推迟 8 年退休，401（k）账户有 8 年时间没有支出，又多了 8 年持续的收入，以及 8 年持续的再投资。这三个 8 年可能使你的 401（k）账户翻倍甚至变成之前的 3 倍。因此，每早一年退休，代价巨大。考虑到社保账户有 76% 的增加，早早退休带来的影响是很大的，会让你退休后的生活从舒适降到拮据。

如果你已经有自住房，可以考虑让房子的价值最大化。我们写这本书的时候，房贷利率比较低，赶紧进行再抵押融资。2020 年，长期房贷利率低于 4%，你可以只还最低额度的按揭，把更多的钱投到投资组合里。如果你已经退休，手头有相当多的房产，可以考虑"反向抵押"，凭房屋的价值获得借款。与偿还房贷相反，这种做法可以定期获得一笔借款。当然这不是一种存钱的手段，也无法把房子传给后代，但能帮助支付你的开销。

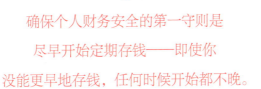

确保个人财务安全的第一守则是
尽早开始定期存钱——即使你
没能更早地存钱，任何时候开始都不晚。

节俭生活，不要背负信用卡债务。确保个人财务安全的第一守则是尽早开始定期存钱——即使你没能更早地存钱，任何时候开始都不晚。

第二章

指数基金

第二章

指数基金

"我要连赢 50 场。"

"10 年内，我们要把人送上月球，再安全返回。"

"我会回来的。"

以上重大计划都有一个好的检验标准：简洁明了。简洁明了的计划更有助于执行。另外一个检验标准是：有效。对你来说，可行的计划才能有效。对市场来说，符合现实的计划才能有效。计划之所以有效，是因为它能助你实现目标。

那些伟大的教练都认同一条田径比赛的成功经验：计划好你的比赛，按你的计划比赛。所以，你需要制定一个简洁明了的理财计划，并坚持到底。

下面是我们给你提供的极为简洁的投资计划：选择

收费低的指数基金作为主要的投资工具。指数基金通过
购买和持有股市的全部或部分股票（或债券）来构建投资
组合。通过认购一只代表"整个市场"的指数基金的少
量份额，你就相当于取得了经济体中大部分公司的少数
股份。尝试预测哪些个股、债券或共同基金能够跑赢市
场既费神又费钱，而指数基金能够帮你解决这两个难题。

选择指数基金这项看似简单的

投资策略，

实际上跑赢了大部分面向公众的

股票和债券基金。

　　选择指数基金这项看似简单的投资策略，实际上跑赢
了大部分面向公众的股票和债券基金，只有极少数例外。但
是，当华尔街抛给你各种数据时，你想不到选择指数基金。
我们两位作者都选择将自己的退休金投资于指数基金，也向
你们强烈推荐指数基金。

↓ 没人知道的比市场多

对大多数投资者来说，要承认股市确实比自己更聪明、信息更全面是比较困难的。大多数理财专家对此仍然接受不了，大概是因为他们收入不菲，而且坚信自己能选出最好的个股，战胜市场。（正如一个世纪前，作家厄普顿·辛克莱所观察到的，"如果一个人的工资取决于他所不了解的东西，那么，让他去了解，就很难了"。）真相很残酷，金融市场尽管时不时地过度乐观或者过度悲观，事实上却比几乎所有人都更聪明。几乎没有一个投资者能持续跑赢市场，无论是预测市场整体走势还是选择个股。

你或许会问：为什么不能通过电视、广播或网络选取有用的消息，然后根据这些消息作出有利的交易呢？很简单，因为在你还没来得及采取任何行动之前，那些追逐利润的全职专家就已经掌握这些消息并利用它们影响股市了。那些最重要的消息（比如收购、并购）都是在休市的时候发布的。等到第二天开市，股价已经作出了反应。你要相信，所有你听到的新闻，早已经在股价上有所反映了。所有人都知道的消息不值得一提。《华尔街日报》理财专栏作家杰森·茨威格是这样描述上述情形的：

> 我常被诟病"给股民泼冷水"，因为我拒绝相信有人能够跑赢市场。明白自己不需要知道任何事情，这是非常深奥的智慧。就我个人而言，我认为这可能是终极智慧……如果你能堵住耳朵，不去听那些预测市场的意见（无论是谁的意见），你就能在长期胜过其他投资者。只有"我不知道，我也不在乎"这句箴言能帮你实现这个目标。[①]

今天专业投资者借助计算机在给股票定价方面具备压倒性优势，他们的工作非常出色，所以股票定价错误非常少见，且存续时间很短，错误也很小，以至于根本不值得让专家去花精力研究。这就是为什么过去15年甚至更久，超过90%的主动型基金经理的业绩落后于他们努力想战胜的市场指数。

---

① Jason Zweig, *Your Money and Your Brain* (New York: Simon & Schuster, 2007).

这并不是说市场整体的定价总是对的。股市常常出现重大问题，而且与潜在的真实情况相比，股价总是大幅波动。2000 年初，网络股和科技股在投资狂潮中不断上扬，暴涨到不可思议的价位，后来，有的科技股股价下跌了 90% 甚至更多。21 世纪初，房价上涨，泡沫越吹越大，最后在 2008—2009 年破灭，不仅房价暴跌，而且全球的银行和各大金融机构受到重创。

没人知道的比市场多。

请不要因此产生一丁点儿幻想，以为那些专业人士就能帮助你在这场金融海啸中幸存下来。在前两次金融泡沫的高点，专业人士管理的基金同样不断买入网络股或银行股，他们的行为就是导致泡沫发生的原因，他们也想参与到泡沫中（并且不想离场）。当股市处于高位时，专业人士管理的基金往往仓位最高；相反，当股市处于谷底时，他们的仓位却往往最低。只有等事实完全显露之后，我们才都成为事后诸葛亮，才敢说过去的市场定价错得很"明显"。正如传奇投资大师伯纳德·巴鲁克所说，"只有骗子才能每次精准地在熊市收手，在牛市入场"。

空间基金（DFA）创始人雷克斯·辛克菲尔德用非常直白的方式来解释这一点："只有三种人不相信市场：古巴人、朝鲜人，以及主动型基金经理。"

↓ 指数基金解决方案

我们多年来始终坚信，如果投资者能向市场屈服，选择收费低、投资范围广的指数基金，投资收益会好得多。指数基金简单地通过购买和持有股市的全部或部分股票来构建投资组合。随着越来越多的证据的积累，我们也更加确信指数基金的有效性。过去 10 多年，投资广泛的指数基金经常跑赢 2/3 甚至更多的主动型基金。

在指数基金面前败下阵来的基金经理多得令人吃惊。表 2 - 1 列举了跑输标普 500 指数的主动型基金的比例。每 10 年大约有 4/5 的基金经理要羞愧地低下头，因为他们竟然没有跑赢最普通的市场指数。随着时间的推移，能够打败市场指数的主动型基金经理越来越少。

表 2－1　跑输标普 500 指数的主动型基金的比例
（截至 2019 年 12 月 31 日）

1 年	3 年	5 年	10 年	20 年
70%	72%	83%	89%	89%

资料来源：SPIVA® U.S. Scorecard, May 2020.

　　投资指数基金的优越性，还可以通过比较主动型基金和标普 500 指数的收益率来进一步证明。表 2－2 比较了主动型基金和以标普 500 指数为基准的指数基金的收益率。可以看到，指数基金跑赢了主动型基金，每年跑赢 1 个百分点，年年如此。[①]

表 2－2　主动型基金和标普 500 指数基金的年均收益率比较
（15 年数据，截至 2019 年 6 月 30 日）

标普 500 指数基金平均表现	8.75%
主动型基金*平均表现	7.46%
标普 500 指数基金领先	+1.29%

* 主动型基金包括理柏统计的所有共同基金。
资料来源：Lipper and the Vanguard Group.

　　为什么会这样？那些收入不菲的专业基金经理不够格？并不是，他们当然够格。

―――――――――――

　　①　我们比较的对象是标普 500 指数基金，因为"全市场"基金（即我们推荐的基金）最近几年才面世。

为什么投资者作为一个整体无法比市场赚得多？所有业绩好的股票都由某人或某个机构持有。专业投资者和计算机驱动的投资策略作为一个整体，对市场上98%～99%的交易负责。归根结底，股票的最终持有人是通过养老金、401（k）计划、个人退休金账户和基金持股的个人投资者。作为一个整体，他们就是整个市场，所以无法打败市场。

市场上所有的玩家，平均来说，获取了市场的平均回报，赢者的获利与输家的亏损是相等的，投资就是所谓的零和游戏。如果有一部分投资者幸运地持有比整个市场表现更好的股票，那么其余的投资者就很不幸地持有表现不如市场的股票。我们不是生活在加里森·凯勒笔下那个神奇的乌比冈湖小镇，不可能每个人的表现都比大家的平均表现好。①

但是，为什么专业机构作为一个整体，表现还是要比市场差呢？事实上，作为整体，他们确实赚到了市场收益，但这是在扣除管理费之前。一般来说，主动型基金每年要收

---

① 乌比冈湖效应（Lake Wobegon effect）是指在评价自己的时候，高估自己的实际水平。——译者

过去的经验不能用来预测未来。找出下一个巴菲特就像大海捞针。我们建议你通过购买收费低的指数基金融入大海。

取 1% 左右的管理费，正是这笔管理费把专业基金经理的整体平均表现拉低到市场平均水平之下。指数基金的管理费只有主动型基金的 1/10。

指数基金不需要聘请高价的证券分析师满世界出差调研，去寻找"被低估"的股票。而且，主动型基金大致每年换手一次，这会产生股票交易佣金、买卖价差、出价等费用，以及"市场冲击成本"（大量买入和卖出导致的结果）。所以，专业基金经理的整体表现不如市场，是由于管理费和交易费的存在。这些费用最后都流进了金融系统的口袋，而不是你的退休金账户。这就是为什么主动型基金无法战胜市场，却被市场击败。

✦ 不是有人跑赢了市场吗

不是有基金经理跑赢市场了吗？我们常常能读到这样的报道，某些基金经理罕见地在上一季度，或者上一年，甚至过去数年跑赢了市场。当然，某些基金经理确实跑赢了市场，但这个问题提得不对。正确的问题是：你，或者任何一个人，能提前选中那些跑赢市场的基金经理吗？

这确实很难办到。原因是：

1. 只有少数几个基金经理能跑赢市场。1970 年至今，能够持续、大幅跑赢市场的基金经理，一只手就能数完。随着越来越多野心勃勃、精通专业又勤奋努力并且计算机水平高超的基金经理加入业绩竞赛，任何一位专业人士跑赢与自己相似度 99% 的其他专业人士的机会越来越少。

2. 没有人，再强调一次，没有人能提前预测哪只基金的业绩表现更好。所有的投资研究机构都做不到，包括晨星。[①]

3. 跑赢市场的基金额外赚到的钱，要少于跑输市场的基金额外损失的钱。这意味着，主动型基金作为一个整体的表现可能比我们看到的跑赢跑输比率的数字更糟。

过去的表现在预测哪只基金会表现糟糕时起作用。过去业绩差的基金，未来的业绩确实好不到哪里去。这算是唯一的安慰吧。这样的预测会生效，是因为通常情况下，那些管理费高的基金相对业绩表现最差，但管理费是年复

---

① 晨星是国际基金评级的权威机构。——译者

一年持续收取的，不像股票配置可以调整。

金融媒体会迅速赞扬跑赢市场的基金经理，视他们为投资天才。这些基金经理在电视节目里自信满满地谈论市场走势和值得购买的股票。这个时候，我们要不要在这些连续获胜的大热门骑师身上押宝呢？不，因为他们的表现不会长久。一个去年跑赢市场的基金经理，今年不一定能够继续跑赢市场。基金经理连胜的可能性和抛硬币连续抛出一面的概率类似，即使你一连抛出好几个正面，下一次抛出正面的概率仍然是50%。头10年排名靠前的基金，和后10年排名靠前的基金，几乎没有重合。主动型基金的表现几乎就像股市一样随机。

关于基金的"非凡"表现有多短暂，2009年1月的《华尔街日报》刊登了一个很好的例子。截至2007年12月31日之前的9年时间里，14只共同基金连续9年跑赢标普500指数，这些基金被宣传为大众最好的投资工具。你猜猜，2008年这些基金有多少能跑赢标普500指数？如图2-1所示，14只共同基金中只有1只跑赢市场。反复的研究表明，抢着购买业绩好的基金既浪费钱，又会弄巧成拙。千万别这样做！

2008 年投资回报（%）

−35	M&N Pro Blend
−37	S&P 500
−40	Amer Funds Fundamental
−40	Target Growth
−41	Lord Abbett Alpha
−42	T. Rowe Price Growth
−43	JP Morgan Small Cap
−46	Hartford Cap Appreciation
−47	AIM Capital Development
−50	Columbia Acorn Select
−49	T. Rowe Price New Era
−52	Fidelity Select Natural Resources
−53	Jennision Natural Resources
−54	Fidelity Adv Energy
−61	Ivy Global Natural Resources

图 2 – 1　仅 1 只基金跑赢标普 500 指数

资料来源：*Wall Street Journal*, January 5, 2009. Reprinted with permission of the *Wall Street Journal*, copyright © 2009 Dow Jones & Company, Inc. All Rights Reserved Worldwide. License number 2257121352481.

　　这条规律有没有例外呢？在所有的专业人士里，巴菲特是个出类拔萃的例外。过去 40 多年，巴菲特的公司伯克希尔－哈撒韦给股东带来的收益是整体市场的两倍。但这不仅仅是巴菲特购买"被低估"的股票所带来的收益，虽然媒体总是这样描述。巴菲特购买了一些公司的股票并长期持有。（他说正确的股票持有时间应该是永远。）而且，他积极参与所投资的公司的管理，比如《华盛顿邮报》，这是他早年的成功案例之一。他还通过保险业的"浮存金"获得低成本的财务杠杆。就连巴菲特也认为，对大多数人来说，单纯地投资指数基金就能获得更好的收益。在遗嘱中，巴菲特把他持有的伯克希尔－哈撒韦股份全部捐献给慈善机构，并要求剩余资产的90%投资到指数基金上，剩余10%以现金形式持有。曾管理耶鲁大学基金会的投资天才大卫·史文森也认为，指数基金获胜的概率是压倒性的。

2017年，巴菲特设立了一个任何人都可以参与的赌局，他赌未来10年时间标普500指数基金的收益会战胜一篮子对冲基金组合，赌注是100万美元。普罗蒂杰公司接受了这个挑战，结果，所选择的一篮子对冲基金的收益率是每年2.2%，同期标普500指数基金的收益率为7.1%。真正的赢家是慈善机构，它收到了最终的赌注。顺便提一句，同期伯克希尔－哈撒韦也跑输了标普500指数。

我们相信未来40年会出现"另一个巴菲特"，甚至可能出现几个。但我们更为确信的是，无法提前知道他们究竟是谁。前面的图表已经说得很明白，过去的经验不能用

来预测未来。找出下一个巴菲特就像大海捞针。我们建议
你通过购买收费低的指数基金融入大海。

↓ 指数债券

如果说指数在股市有优势，那么这个优势在债券市场
会更大。你永远不会想在投资组合中只持有一只债券（比如
通用汽车或福特的债券）——任何一个单一债券发行方都
可能出现财务问题，无法足额兑付。因此，你需要多元化
的债券组合——购买债券基金尤为必要。而购买指数债券
是非常明智的选择，它们的业绩通常优于主动型债券基金。
表 2 – 3 显示指数债券基金跑赢了大部分主动型债券基金，
尤其是在中短期债券领域。

表 2 – 3　跑输政府债券指数和公司债券指数的主动型债券基金比例
（15 年数据，截至 2019 年 12 月 31 日）

	政府债券指数	公司债券指数
短期	83%	71%
中期	89%	89%
长期	98%	97%

资料来源：Standard & Poor's, SPIVA U.S. Scorecard, May 2020.

↳ 国际指数

在美国以外的市场，指数化也体现了它的优点。以
MSCI EAFE 指数为基础构建的低成本非美国发达国家的指
数基金，跑赢了大多数国际主动型基金。即使是在不那么有
效的新兴市场的股票市场上，指数基金也总能跑赢主动型基
金（见表 2-4）。

表 2-4　国际股票基金跑输基准指数基金的百分比（%）

股票基金	指数基金	1 年	3 年	5 年	10 年	15 年
全球基金	标普全球 1200	57.1	65.1	75.3	82.6	83.2
国际基金	标普 700	57.3	68.5	77.7	77.8	90.4

资料来源：SPIVA® Report, May 2020.

许多新兴国家的股市效率很低（缺乏流动性，买卖差价
较大，交易费用高），高换手率的主动策略行不通。指数基
金在很多市场上运作很有效。

↳ 指数基金的巨大优点

指数基金的一个重要优势是可以节省税费。如果你在

免税的退休金账户之外持有主动型基金，会产生大量的税费。当主动型股票基金通过投资组合交易产生了资本利得，这些主动交易会产生应纳所得税。考虑州个人所得税，短期资本所得税甚至会高达 50%。相比之下，指数基金属于长期买入并持有的投资，一般不会产生太高的资本收益税费和个人所得税。为了弥补管理费和税费造成的差距，主动型基金每年的业绩要比市场好 4.3%，才能和指数基金的业绩持平（或者说，如果市场平均回报为 7%，要比市场平均回报多 60% 才可以）。①事实上，找到能够持续跑赢指数基金这么多的主动型基金的概率为 0。

让我们总结一下指数基金的优点。首先，投资起来很简单。你不需要像投资主动型基金那样，广泛评估数千只主动型基金，然后从中选择表现最佳的。其次，指数基金的管理费和税费更低。（主动型基金的管理涉及大量的买进卖出，这会带来交易成本并增加资本利得的所得税税负。）最后，指数基金的表现可以预期。当股市下跌的时候，你确实会亏钱，但你不会比市场平均水平损失得更多，而许多投资

---

① 温德姆资产管理公司 CEO 马克·克里茨曼的估计。

者在 2000 年和 2008 年重仓持有网络股和银行股，损失都超过市场平均水平。当然，投资指数基金让你没机会在高尔大球场或者美容院中吹嘘如何买到了暴涨的股票或基金。这正是为什么有些人喜欢批评指数基金是"确定的平庸"。但我们喜欢玩这个赢家游戏，因为指数基金几乎可以保证你的收益处于市场前 1/4 的水平，你的回报不会被高昂的投资成本所拖累。对许多投资者而言，指数基金还有一个好处是让他们避免成为无耻的"市场先生"挑衅的受害者并遭受损失。市场先生总是诱使我们行动——作出错误的决定。持有指数基金，就相当于持有多只股票，所以我们不会对某一只股票的好消息或者坏消息反应过度，更可能按计划保持平静，并关注长期的业绩表现。

↙ 一个忠告

然而，并非所有的指数基金都一样，小心某些指数基金悄悄向你收取高额的管理费。我们认为，你应该购买那些每年管理费在 0.2% 或更低的美国普通股指数基金。一般来说，国际指数基金的管理费要高于美国，但你同样要选择那些管理费尽可能低的国际指数基金。(第三章我们将给出具体的建议。)

你或许还会考虑购买交易型开放式指数基金（ETF 基金）。这类指数基金能够在交易所直接买卖，就像股票一样。ETF 基金也跟踪各种不同指数，像美国国内指数，以及全球不同地区股市的各种国际指数。ETF 基金比共同基金有优势。ETF 基金管理费甚至比指数基金更低，可以随时交易（而不是每天只能按收盘价交易一次），所以被很多专业人士用作对冲工具。最后，ETF 基金节省的税费更多，因为赎回时不需要纳税。

然而，ETF 基金对于个人长期定投来说并不合适，比如个人退休金账户或 401（k）账户。因为每次交易都会产生交易费和买卖价差，这对长期小量的投资来说有一些影响。而指数基金是免交易佣金、无交易费的。此外，指数型共同基金会自动将所有的现金红利进行再投资，ETF 基金的红利再投资则可能再次收取交易费。我们建议个人选择指数基金而不是 ETF 基金来进行个人退休金账户的定投。

下面用两条有关指数基金的建议结束本章内容。第一条建议是关于个人如何从各种类型的指数基金中作出选择。

美国最有名的指数基金都是以标普 500 指数为基准的。我们推荐选择覆盖更多小公司股票的指数基金，如罗素 3000 指数或道－威尔希尔 5000 指数。这类覆盖面更广的指数基金通常被称为"全市场"指数基金。80 多年的股市历史经验表明，小公司股票投资组合比标普 500 指数这些大公司组合的收益率更高。虽然小公司没有大公司稳定，投资风险也更高，但平均来看，它们未来的回报也更高。"全市场"指数基金能够更好地帮助投资者从长期经济增长中获益。

第二条建议是写给炒股者的，他们无视种种论据，总认为自己比市场知道得更多。如果你执意要找出下一个谷歌或下一个巴菲特来战胜市场，我们也无法劝阻你。无论如何，你在股市投资的胜率总要比在赌桌或赛马场上高那么一点点，并且投资个股的乐趣很多。但是，我们始终建议你用指数基金来管理最重要的退休金。做那些专业投资者正在做的事情：核心投资组合指数化，如果你一定要做一些个股投资，可以少量参与。但是你的核心投资，特别是退休金账户要投资到多元化的股票和债券指数基金上。你可以用多余的钱来炒股，这样你遭遇重大风险的概率大幅下降，可以确保舒适无忧的退休生活。

↳ 自白

　　没有人是完美的。我们当然也不完美。举例来说，我们中的一人对某家公司的股票情有独钟，这家独特的公司就是伯克希尔－哈撒韦。他持有这家公司的股票已经 40 年，而且没有出售的想法，为此他要缴纳很大一笔所得税。如果这还不算糟糕，请注意：他几乎每天都要查看该公司的股价！当然，这很傻，他本人也很清楚，但就是控制不住自己。再来看另一位作者，他热衷于购买个股并对中国互联网公司特别有信心。他特别享受挑选牛股的乐趣，也认为未来几十年中国将是重要的淘金地。（请注意：尽管如此，我们两人的退休金都是安安全全地指数化的，并且我们的孩子也都投资指数基金！）

第三章

多元化投资

第三章

多元化投资

　　下面这个悲伤的故事告诉我们，投资组合多元化是多么重要。故事的主人公是安然公司的一位秘书。20世纪末21世纪初是安然公司的全盛时期，这家年轻的公司致力于彻底变革电力和电信市场。管理人肯尼斯·莱和杰夫·斯基林极具个人魅力，他们的管理才能和勇于创新的精神被媒体广泛报道。安然公司的股票成了华尔街的宠儿，股价似乎脱离了地心引力，一直稳步飞涨。

　　像许多大型公司那样，安然公司为员工创建了401（k）退休金账户，提供了一系列定投选项，每次发工资的时候自动转存。定投选项也包括购买安然公司的股票，首席执行官肯尼斯·莱强烈建议员工优先选择安然股票作为最佳的退休金投资工具。安然公司就像革新流行乐的猫王，而那些老牌电力公司就像听着劳伦斯·威尔克的音乐跳舞的老古董。因此，这位秘书把退休金账户里所有的钱都拿来投资安然公司的股票，她对自己的决定很满意。尽管她的收入不过是普通秘书的工资水平，但随着股票价格飞涨，她的退休金账户已经价值300万美元了。投资安然股票的第二年，她开始期待退休后过着悠闲的生活，周游世界各地。

从某种意义上说，她似乎得到了所期望的更多的"闲暇"。正如我们后来所知，安然公司所谓的业绩是建立在一堆拼凑的假账和欺诈交易上的，杰夫·斯基林获罪入狱，而肯尼斯·莱在候审时就去世了。安然公司的股价暴跌，这位女秘书的退休金全没了。她不仅丢掉了工作，而且丢掉了一生的积蓄。她错把所有鸡蛋都放在了一个篮子里。她不仅没能做到投资组合多元化，而且让自己陷入双重风险，因为她选择的单一投资渠道恰恰是给她发工资的雇主。她让自己处于非常危险的境地，这都是因为她没有遵循投资的绝对法则之一：多元化，多元化，多元化。

詹姆斯·罗德一辈子致力于汽车制造业，铸造各种模具，用于将钢板压制成挡泥板、引擎盖和车顶等。退休后，他和爱人决定把所有积蓄用于购买克莱斯勒债券，这个债券的年均收益率高达 8%，还是很诱人的。这对夫妇和许多汽车制造业工人一样，坚信美国汽车业三巨头能经得起最严峻的经济考验。投资债券的丰厚回报让这对夫妇退休后仍然能过上舒适的中产生活，但这种生活仅仅维持了一段时间。他们对汽车制造业的信心随着退休金一起化作了泡影。克莱斯勒和通用汽车破产的时候，大量的债券持有人几乎失去了一切，只获得了无法持续支付的利息以及破产公司一点可怜的股份。

这些惨痛的教训清清楚楚地向我们说明了投资的一项基本原则：广泛多元化至关重要。

安然、克莱斯勒和通用汽车并不是孤立的例子。令人惊讶的是，许多规模庞大、看起来很稳定的企业最后都垮了，甚至一些大型金融机构也是，它们都在股价暴跌之后，破产、被迫改组或接受政府托管，比如银行业的美联银行、投资银行中的雷曼兄弟、保险行业的美亚保险等。而许多财务主管，照理说应该懂的更多，却把所有的钱都拿来投资自己为之工作、熟悉、信任的公司，最后惨遭亏损。

如果按我们的想法，任何员工的退休金都不能投资自己的公司。保护好自己：每个投资者都必须进行多元化投资。

保护好自己：

每个投资者都必须进行多元化投资。

✦ 资产类型多元化

在实践中，多元化投资究竟意味着什么？意味着在股市投资时，你需要有一个广泛多元化的投资组合，里面包括数百只股票。对普通人或非常富有的人来说，购买一只或几只收费较低的指数基金（或 ETF 基金）就可以实现投资多元化。这类基金把大量投资者的资金集中在一起，购买由数百只股票构成的投资组合。基金的职能包括：分红、清算和估值，按照投资者意愿进行红利再投资。

有些专业化的基金是针对股市某个细分类别的，比如专门投资生物科技股的基金，又比如专投中国公司的基金等。我们强烈推荐选择覆盖面广泛、投资多元化，能够覆盖所有重要行业股票的基金。我们会在第五章告诉你如何选择业绩最好、收费最低以及最多元化的基金。

多元化投资是在股票、资产类型、
不同国家市场以及时间等维度的多元化。

　　通过持有多元化的股票投资组合，投资者可以有效降低投资风险，因为大多数突发经济事件不会对所有公司造成同样的影响。举例来说，一种新药审批通过，对研发该新药的公司来说是重大利好，对生产老产品的竞争对手来说则可能是重大利空。即使面临严重的经济衰退，不同的公司由于产品面向的消费人群不同，受到的影响也会大不相同。举例来说，人们的收入减少时，蒂凡尼的销量会减少，而沃尔玛的商品销量会增加。

　　为了降低投资风险，你需要持有大量不同行业的不同公司的股票，那么，与之类似，你也需要进行资产配置多元化。一种常见的资产类型是债券，所谓债券，就是公司或政府部门的借款。（这里的政府部门可能是其他国家的政府、美国政府、地方政府，或者政府担保的企业，比如联邦国民抵押贷款协会（Federal National Mortgage Association），一般称为房利美（Fannie Mae）。）正如股票投资组合需要多元化一样，债券投资组合也需要多元化。

美国财政部发行大量的国债，这些国债被认为是所有债券中最安全的，因此是不需要考虑投资多元化的特例。股票的价格和股利的高低随着公司经营业绩的好坏而起伏，债券则不一样，债券支付的利息是固定的。举例来说，购买1 000 美元利率 5% 的 20 年期国债，每年的收益固定为 50 美元，到期归还本金。相对国债来说，公司债券的安全性就低得多，需要广泛多元化的组合才能保证长期稳定的收益率。

加入高品质的债券组合，能够降低普通股票投资组合的风险，因为债券固定的收益能抵御股市不可避免的上下波动。举例来说，2008 年因为预期全球经济衰退，世界各国的股市低迷，全球股票的价格都有所下跌。但是，由于美联储要降低利率以刺激经济，美国国债投资组合反而增值了。如果你搞不懂利率是如何影响债券价格的，只需要记住以下这条"跷跷板"原理：利率降，债券升；利率升，债券降。

增加其他类型的资产配置同样能降低投资风险。2008年，全球股市同步下挫，股民无处可逃。但是，大多数年份中，一些国家的股市下跌时，另一些国家的股市却上涨。举

例来说，2009 年，主要发达国家都陷入了经济衰退的泥潭，
而中国却通过开发中西部地区保持了经济增长。

通货膨胀时期，房地产和实物资产（如木材和石油）的
抗通胀能力要比普通的制造业强，后者往往因为原材料价格
上涨而导致利润下降。因此，房地产和大宗商品在有些时候
是非常有用的资产配置多元化的选择，黄金和黄金开采公
司通常是很好的选择。在历史上动荡不安、危险丛生的年
代，人们都将黄金作为避险资产，因此人们常说"乱世买
黄金"。

本书后面章节将给出一些投资指数基金的建议，如果
你选择购买这些基金，也能从房地产公司和大宗商品中受
益。所谓的"全市场"基金，包括房地产公司和大宗商品。
资产配置多元化可以通过一站式购买实现。

↳ 跨市场多元化

国外股市的股票同样可以提供多元化的好处，比如欧
洲股市和亚洲股市。请注意，下面这句话从某种程度上说是
可靠的：美国股市打了一个喷嚏，所有发达国家都要感冒；

2008—2009 年的经济衰退是全球性的。新冠肺炎疫情重创了全球经济，但全球股市并不是完全步调一致的。在 20 世纪 90 年代，美国经济蓬勃发展，日本经济却停滞了整整 10 年。而到了 21 世纪初，美元贬值，欧元升值，欧洲股市进一步繁荣。尽管全球化使各国的经济联系越来越紧密，但我们仍有理由相信，不应该把投资局限于美国股市。比如，往投资组合里放汽车股的时候，不要仅限于底特律的汽车公司的股票。最好把丰田和本田的股票也加进去，这样投资组合才能真正实现多元化。

对普通投资者来说，做到如此广泛的多元化是不是超出了能力范围？恐怕不是。大量收费较低的基金都能提供一站式解决方案。我们推荐的是广泛覆盖美国全市场股票的指数基金，这些基金同时还购买房地产公司、大宗商品厂商和金矿开采公司的股票。我们同时还会向你介绍其他国家的全市场基金，这些基金能让你分享全球经济增长的成果，包括正在快速增长的新兴市场国家。同样，债券基金也能提供全面多元化的债券投资组合。如果你愿意遵循本章的多元化投资原则，我们将在第五章向你介绍具体的基金，能够以很低的成本实现尽可能的多元化。

作为一个长期投资者，股票价格跌得越多，你买入的价格就越实惠。

长期来看，那些能够按照原则调整投资组合的投资者都得到了更好的回报。

↓ 跨时间多元化

这是有关多元化的最后一课。你需要在时间上分散投资，不要同时启动所有的投资项目。设想一下，如果你真的同时启动所有的投资项目，你很可能非常不幸地赶上了 2000 年初的股市历史性高点。那些在 2000 年初投入所有资金的投资者，接下来的 10 年，投资回报一直是负数。20 世纪 70 年代同样糟糕。要是像一位作者的父亲那样，在 1929 年的股市高点投入所有资金，情况就更糟了，20 多年都没回本。

通过慢速、规律和定期投资能够有效降低构建投资组合过程中的风险。每个月或每个季度定期定额投资，能确保你在某些价格相对较低的有利时间点入手。投资顾问把这种方法称为"定投"。通过长期定投，投资者能够赶上一些股价相对较低的时候。通过长期定投，在高位的时候买的数量就少，在低位的时候买的数量就多。尽管这种方法无法彻底消除风险，但至少保证你不会倒霉地买在短期价格的高点。在错误的时间一次性投入所有资金，会让你对股市彻底失望，导致长时间难以翻身。

相比市场持续上涨的时期，长期定投策略更适用于市

场震荡，上涨之后又跌回起点的情况，而非价格年复一年稳
步上涨的情况。设想一名投资者每年向一只全市场指数基金
投资 1 000 美元，连续投资 5 年。假设两种市场情形，第一
种是市场波动大，计划开始后市场立即下跌，5 年后重新回
到原来的起点。第二种是市场稳定增长，计划开始后，市场
每年持续上涨。在计算之前，请你考考自己：哪一种情形下
投资者的收益会更好？我们猜测几乎每个人都会认为市场一
直上涨的情况下收益会更好。表 3 - 1 展示了每年投资 1 000
美元时，两种情形下的收益。

表 3 - 1　定投方法

年份	波动型市场			上涨型市场		
	投资额	指数基金价格	购买的份数	投资额	指数基金价格	购买的份数
1	$1 000	$100	10	$1 000	$100	10
2	$1 000	$60	16.67	$1 000	$110	9.09
3	$1 000	$60	16.67	$1 000	$120	8.33
4	$1 000	$140	7.14	$1 000	$130	7.69
5	$1 000	$100	10	$1 000	$140	7.14
总投资额	$5 000			$5 000		
购买总份数			60.48			42.25
每份购买成本		$82.67	($5 000/60.48)		$118.34	($5 000/42.25)
最终价值		$6 048	(60.48 × $100)		$5 915	(42.25 × $140)

表 3‐1 里的 1 000 美元是每年定期投资的。在第一种
情形下，计划开始后市场立即下跌，然后快速上涨再下跌，
最终第五年结束的时候重回最开始的点位。在第二种情形
下，市场稳步上涨，第五年的时候已经上涨了 40%。两种
情形下，定投的总额都是 5 000 美元，但投资者在第一种
情形下资产变为 6 048 美元。尽管第一种情形市场波动大，
而且最终重回最开始的点位，投资者仍然赚了 1 048 美元。
而第二种情形下，虽然市场一直在上涨，并最终上涨了
40%，但投资者最终的资产只有 5 915 美元。

对于上述投资原理，巴菲特在一篇文章中给出了简洁
明了的解释：

小测验：如果你计划一辈子吃牛肉，但又不是
养牛的，你希望牛肉价格上涨还是下降？同样，如
果你时不时要换新车，但又不是造车的，你希望汽
车的价格上涨还是下降？这些问题的答案是显而易
见的。

但终极问题来了：如果你接下来 5 年要成为一个
净买入者，你希望股市上涨还是下跌？许多投资者就

把答案搞错了。尽管他们多年坚持净买入，却总在股市上涨的时候高兴，下跌的时候难过。事实上，这就好像牛肉价格涨了，吃牛肉的人却开心一样。这根本说不通。股市上涨的时候，只有那些要抛售股票的人才应该感到开心。预期买入股票的人应该更愿意看到股市下跌才对。

定投并不是完全消除股市投资风险的灵丹妙药。在灾难性下跌的一年，如 2008 年，定投也无法让你的账户避免损失，因为没有任何一个计划可以让你避免熊市的损失。即使是最艰难的时候，你也要保持现金流，并有信心坚持定投。无论新闻多吓人，无论希望多渺茫，你都不能中断具有自动执行特征的定投计划。因为一旦中断，你就错过了在股市低谷以相对较低的价格买入的机会。定投带给你的好处是：你的平均花费要低于你买入时点的平均价格。为什么呢？因为同样的钱，低点的时候你买得多，高点的时候买得少。

有的投资顾问不推荐定投，因为这项策略在股市大涨的时候确实不是最优的。(这种情况下，一开始就投入 5 000

美元，收益会好得多。）但是，定投确实能抵御可能出现的熊市的风险。而且，定投可以尽量避免后悔的情况发生，比如你可能很不幸运在 2000 年 3 月或 2007 年 10 月股市高点一次性把所有资金投到股市。

↯ 投资组合调整

专业投资人士采用投资组合调整这个工具来保持投资组合有效地实现多元化。这个工具并不复杂，我们相信个人投资者也可以动态调整自己的投资组合。股市不断发展变化，你的投资组合中的股票和债券比例也应该随之变化。投资组合调整操作起来很简单，就是定期检查投资组合中的各项资产的比重，如果有超标的资产，根据实际情况把它们调回你所需的水平。投资组合调整能够减少波动性，增加抗风险性，通常也能增加投资收益。

假设你选定了符合自己年龄特点和心理承受能力的投资组合：60% 的股票和 40% 的债券。那么，当你往退休金账户存钱的时候，60% 的钱划入股票基金，40% 的钱划入债券基金。

随着时间推移，债券和股票市场的变化会让你的投资组合也发生改变。小的变动（如正负 10%）可以忽略不计。但是，如果短期股市翻倍了，而债券基本保持不变呢？突然之间，你会发现你的投资组合变成了 75% 的股票和 25% 的债券，这样一来，你的投资组合的实际风险就超出了你最初设定的标准。又或者如果股市大跌，而债券升值了呢？这是 2008 年所有投资者都遇到过的情况，这时你该怎么做？

正确的应对方法是重新调整各种资产的比例。这就是我们所谓的"投资组合调整"，也就是把各项资产的投资比例保持在你设定的范围内。假如股票的占比过高，新存入的钱，包括股票的分红，就都拿来买债券。（如果占比实在太高，还可以抛售一些股票基金，所得的钱用来购买债券。）反过来，假如债券的占比过高，就把钱转投股票。

假如某类资产的价格下跌，一定不要恐慌和抛售。正确的做法是，遵守长期投资的原则，顶住压力进一步买入。请记住：如果你真是一个长期投资者，股票价格跌得越多，你买入的价格就越实惠。市场价格的大幅下跌会让投资组合调整面临困扰——"这会不会导致更多损失，越陷越深？"但长期来看，那些能够按照原则调整投资组合的投资者都得到了更好的回报。

当市场频繁波动的时候，调整投资组合能切实地增加投资收益，同时降低投资组合的波动性。

1996—2017 年这段时期就是一个非常好的例子。假设一个投资者的投资组合设定为 60% 股票和 40% 债券。让我们选择美国全市场指数基金作为股票投资，全债券基金作为债券投资，展示投资组合调整的优势。表 3-2 的数据显示，从季度的收益率波动来看，动态调整投资组合能够在增加收益的同时降低风险。

表 3-2   投资组合调整的重要性

投资组合*： 60% 股票和 40% 债券	年均收益率	风险（波动性）**
每年调整	7.85%	10.40%
从不调整	7.71%	11.63%

*股票投资选择先锋全市场指数基金。债券投资选择先锋全债券基金（不考虑纳税）。

**波动性通过投资组合年收益率的标准方差来计算。

如果投资者持有 60% 股票和 40% 债券的投资组合，并且连续持有 21 年，年均收益率为 7.71%。但是如果他每年调整，保持投资组合 60∶40 的比例，年均收益率将提高到 7.85%。此外，每个季度的表现会更加稳定，收益变化更小，投资者也能在夜里睡得更安稳。

在 1996 年 1 月至 2017 年 12 月期间，每年调整投资组合能让投资者获得更多的回报和更低的波动性。

为什么投资组合调整如此有效？假设投资者每年 1 月进行一次调整。（不要频繁调整，每年一次就够了。）2000 年 1 月，网络股飞涨的时候，投资组合中股票的占比急剧增加，超过了 60%，这时应该卖掉股票，接下来买入因为利率上升而价格下跌的债券。我们无法知道自己当时正接近股市高点（真正的高点在 2000 年 3 月来临）。但是，能在股价高位时卖掉一些股票，投资者的心情会非常放松。而到了 2003 年 1 月，情况就不一样了。这时候股市大跌（2002 年 10 月股市跌到最低点），美联储降息，债券价格上涨。因此，要把钱从债券转投到股票，这时股票已经变得非常便宜。

投资组合调整并不能保证一定增加收益。但是，这样做可以降低投资风险，确保实际资产配置与满足你的需要和心理承受能力的资产比例相一致。

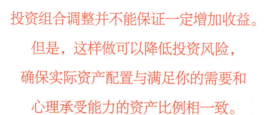

投资组合调整并不能保证一定增加收益。

但是，这样做可以降低投资风险，

确保实际资产配置与满足你的需要和

心理承受能力的资产比例相一致。

　　随着投资者年龄的增长，投资组合的比例也需要考虑进行调整。对大多数人来说，年纪越大，投资组合越保守，股票占比越低。这样压力和风险就小，有利于退休生活。

第四章

避免出错

第四章

避免出错

长期投资成功不仅仅取决于股市或经济，其中最重要的因素是你本人。

我们两位作者都80多岁了。美国最受欢迎的投资者沃伦·巴菲特已经90多岁了。巴菲特的投资成绩令人惊叹，而我们俩只是还不错，这其中的主要差异不是经济发展，也不是股市，而是这个来自奥马哈的人。他打败了几乎全世界的投资者，无论是业余的还是专业的。他聪明绝顶，有一以贯之的理性和非凡的商业头脑，而且他在成为更好的投资者上投入了更多的时间和精力，也更加自律。

巴菲特成功的主要原因之一是他避免了历史上的那些摧毁很多投资组合的重大错误。来看两个例子。2000年初，许多投资观察者宣称巴菲特宝刀已老。他的伯克希尔－哈撒韦的投资组合的表现比不上那些热门的高科技基金，那些基金重仓投资了科技股和初创的互联网公司，投资收益暴涨。巴菲特却回避了所有的科技股。他向股东解释，他拒绝投资任何一个自己不了解其业务的公司——他不了解那些复杂的、快速变化的科技公司，也搞不懂那些公司的商业模式如何持续获取高增长的盈利。有人说巴菲特已经老了、过时了。可是，当互联网泡沫破灭的时候，巴菲特成了笑到最后的赢家。

2005—2006 年，巴菲特基本上回避了市场上其他投资者广泛持有的按揭支持证券和金融衍生品。他认为这些证券过于复杂和不透明。他把这些金融产品叫作"金融界的大规模杀伤性武器"。2007 年，次贷危机击垮了很多金融机构，严重损害了经济体系，而伯克希尔－哈撒韦却成功挺过了这次最严重的金融危机。

避免严重的问题，尤其是不必要的风险所带来的问题，是投资成功的重要秘诀之一。投资者往往因为犯下严重的错误而打败自己，这些错误完全可以避免。在这一章，我们介绍一些常见的投资错误。

关于投资，你需要学的最重要的一课是——不要盲目从众，不要被盲目乐观或盲目恐慌的情绪绑架。

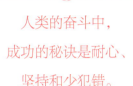

> 人类的奋斗中，
> 成功的秘诀是耐心、
> 坚持和少犯错。

人类的奋斗中，成功的秘诀是耐心、坚持和少犯错。开车的关键，是要避免严重车祸；打网球的关键，是要把球打回去；而投资的关键，是要利用指数，来避免大多数投资者深受其害的费用和错误。

↳ 过度自信

近几年，在行为心理学家和金融经济学家的努力下开创了一个重要的研究领域——行为金融学。研究表明，我们在投资中并不总是理性的，往往是自己最大的敌人。我们总是倾向于过度自信、控制错觉以及盲目从众。正所谓"凡事预则立，不预则废"。

在我们两位作者最爱的两所大学——耶鲁和普林斯顿，心理学家很喜欢在学生中开展问卷调查，了解大家如何比关于投资，你需要学的最重要的一课是——不要盲目从众，不要被盲目乐观或盲目恐慌的情绪绑架。

较自己和同学各方面的水平高低。比如，给学生提这样的问题："请问你的驾驶技术是否超过了班级平均水平？"毫无例外，绝大多数人都认为自己的驾驶技术在班级中处于中等偏上水平。即使询问的是运动能力这样难以自我评估的问题，学生也总是得出自己处于中等偏上水平的结论，同样还有中等偏上的舞蹈水平、环保意识、社交能力等。

在投资方面，人们对自己的看法类似。如果我们确实完成了一次成功的投资决策，我们往往会混淆能力和运气。2000 年年初，当你投资网络股翻倍后又翻倍的时候，你很容易认为自己是一个投资天才。要避开过度自信的危害，首先要知道过度自信是一种普遍存在的缺点。在业余网球比赛中，赢得比赛的往往是那些稳定回球但精彩击球很少的选手，而不是那些击球动作非常漂亮的选手。同样，投资中最可能实现长期投资目标的，是那些谨慎地买入并持有多元化低成本的指数基金组合，经历各种艰难险阻仍然坚持到底的投资者。

投资者要避免试图预测股市走向的想法。预测，尤其是所谓专家的预测，并不比胡乱猜想的结果好多少。当被问到对股市的预测时，约翰·皮尔庞特·摩根的回答是：

"股市会波动。"他的回答非常正确。事实证明，所有关于股市整休走势的预测正确率只有50%，既然你知道用抛硬币的方式无法致富，那么，你也不应该依据股市预测进行投资。

为什么？借助充分的数据调研，我们可以预测许多经济实体的发展趋势，就好像我们可以预测复杂多变的天气一样。但股市预测比天气预测要困难得多。因为许多消息灵通的专业投资者根据自己的判断和对经济的看法作出投资行为，这些行为整体构成了整个股市的动态，所以过去股市预测往往不准确。预测股市，本质上说，就是要预测其他投资者如何改变他们正在尽全力作出的决策判断。换句话说，假如你的预测是正确的，那就意味着持不同意见的人都错了，与此同时，还要判断股市的方向——上涨还是下跌——那些主动投资者一致预期的变化将会如何影响股市的走势。

前车之鉴：生而为人，我们总是喜欢听别人预知未来。历史上不乏预言家和占卜师的各种预言。多少个世纪以来，我们形成了许多这样那样的迷信习俗，人们的本性完全没变。高楼大厦不设13层；不能从梯子下走过；把盐撒在肩膀上；不能踩人行道上的裂缝。"世事不可强求"像一首曲子那样顺口，但并不能给我们带来真正的满足。

关于专家预测经济的有效性，加州大学伯克利分校哈斯商学院的教授菲利普·泰洛克主持进行了最大型的也是历时最长的研究。他收集了 300 多位专家长达 25 年的 8.2 万份预测。结论是，专家的预测结果勉勉强强战胜随机性结果。讽刺的是，越出名的专家，预测结果的可靠性越差。

所以，作为一个投资者，你应该如何看待那些有关股市、利率和经济形势的预测？答案是：完全不看它们，不为所动。这样一来，你能省下大量的时间、精力，还能少为错误的预测花冤枉钱。

作为一个投资者，
你应该如何看待那些有关股市、
利率和经济形势的预测？
答案是：完全不看它们，不为所动。
这样一来，你能省下大量的时间、精力，
还能少为错误的预测花冤枉钱。

↓ 当心市场先生

人们相信数字不会说谎。遇到牛市和疯狂上涨的行情，投资者不知不觉就变得越来越乐观，选择承担的风险也越来越大。这正是为什么投机泡沫会越吹越大。事实上，那些媒体大肆炒作或是街头巷尾广泛议论的投资项目，最后往往都是失败的。

回顾历史，某些最糟糕的投资失误就是那些被投机泡沫卷入其中的投资者所犯的。无论是 17 世纪 30 年代的荷兰郁金香泡沫，还是 20 世纪 80 年代的日本房地产泡沫，抑或是 20 世纪 90 年代末的美国互联网泡沫，都是盲目从众的恶果。人们总以为"这一次不一样"，从而作出了最糟糕的投资决策。盲目乐观的情绪会传染，让投资者越来越冒险；恐慌的情绪也会迅速蔓延，让人们确信并承认失败，结果在市场底部卖出股票。

你需要学的关于投资的最重要的一课是——不要盲目从众，不要被盲目乐观或盲目恐慌的情绪绑架。当心市场先生。

"证券分析之父"本杰明·格雷厄姆第一个向世人介绍

了资本市场的两位神秘人物：价值先生和市场先生。①价值先生发明、生产和销售社会所需的产品和服务，努力从事单调乏味的工作，日夜无休地埋头苦干，承担着经济中重要的职能。他并不吸引人，但我们知道他忠诚可靠。

价值先生做了所有的工作，而市场先生却吸引了大部分的注意力。市场先生有两个邪恶的目标。一个是引诱投资者在股市低谷卖出股票或基金，另一个是引诱投资者在股市高点买入股票或基金。也就是说，他总爱让我们在错误的时间改变投资策略，而且他确实很擅长这份工作。他对我们威逼利诱，时而煽动乐观情绪，时而扩散恐慌情绪，不管怎样，这个引人注意、心怀恶意又十分难缠的金融小白脸只有一个目的：让我们采取行动。买入或卖出，怎样都行，只要改变既定的计划就好。我们做的越多，市场先生越高兴。

市场先生让我们付出巨大的代价，交易费只不过是其中很小的一部分。最主要的代价是他引导我们作出的错误决策，也就是高买低卖。想知道这个邪恶的市场先生成就了哪

---

① Benjamin Graham (with Jason Zweig), *The Intelligent Investor* (New York: HarperBusiness, 2003).

些"丰功伟绩"吗？图 4 - 1 全面展示了市场先生迷惑投资者的技能，图中的阴影部分是在不同的股市点位，市场的净资金流入情况。结果很明显，当股价处于高位时，资金就大量流入股市，也就是说投资者在错误的时间点投入了更多的钱。

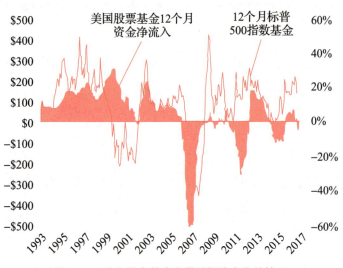

图 4 - 1　流入股市的资金量随股价变化的情况

资料来源：The Vanguard Group.

　　1999 年第四季度至 2000 年第一季度，就在股市处于疯狂的顶点时，申购基金的资金也达到了史无前例的高点。而且，流入股市的资金大部分都购买了高科技股和网络股，这些股票的价格被严重高估了，在随后到来的大熊市中一泻千里。与之相对的是，2002 年第三季度，也就是股市处于低谷的时候，撤出股市的资金量史无前例，在这个市场艰难的时刻，基金也被大规模赎回。同样，2007—2008 年严酷的熊市中，那些承认失败的投资者纷纷赎回基金，撤出的资金量再创新高，就在市场即将出现最早也是最大的反弹之前。

对投资者来说，今天的股价甚至明年的股价并不重要，重要的是你退休后卖出股票获得现金时的股价。而对大多数投资者来说，退休是相对遥远的未来。实际上，当悲观弥漫和股价下跌的时候，不应该抛售股票或者中断定投计划。别人卖出股票的时候，才是你买入股票的好时机。

投资这件事就好比养育孩子——随着他们长大成人，一路惊喜不断。有经验的父母会着眼于长期，而不是被日常鸡毛蒜皮的小事牵着鼻子走。这种态度同样适用于投资。别让市场先生把你唬得一惊一乍的。就像遇到很糟糕的极端天气时的做法一样，古语说得好，一切都会过去的。

对你来说，一万公里以外的阴晴冷暖都不重要，因为事不关己。同样，除非临近退休，退休金账户上的资产投资收益涨跌也和你没关系。即使真的到了 60 岁，你也有很大的可能会再活个几十年，而你的伴侣或许比你活得更长。

↳ 择时的惩罚

择时会带来损失吗？答案是肯定的。长期来看，美国股市整体的年均收益率为 9.5%。但是，只有那些期初投入资金买入并持有的投资者，并且穿越牛熊周期始终持有，才能获得这个收益。事实上，投资者的年均收益率要比 9.5% 低至少 2 个百分点，也就是几乎少了 1/4 的收益，因为投资者总是在高点或临近高点的时候买入，又在低点或接近低点的时候卖出。[①]

除了择时的代价，还有择股的代价。1999 年末 2000 年初，大量资金流入股市，这些资金大部分都投向了高风险的基金——高科技股和网络股基金。而表现保守的基金，就是持有市盈率很低但股息率较高的股票的基金，却出现了大规

---

① Ilia D.Dichev, " What Are Stock Investors'Actual Historical Returns?" *American Economic Review* 97 (March 2007): 386-401.

模赎回。在随之而来的熊市中，这些保守的股票保持坚挺，而那些曾经的成长股却出现大幅下跌。这就导致投资者的实际收益要远低于股市整体收益，差距甚至大于我们前面提到的 2 个百分点。

　　幸运的是，我们还有办法。只有在我们听任市场先生胡作非为的时候，市场先生才有机会伤害我们。也就是说，我们要明白，被市场先生玩弄和欺骗，完全是我们自己的错。就像长辈常说的那样，任何坏人都无法戏弄、侮辱或伤害我们，除非我们给了他们机会。作为一个投资者，你有一个有力的办法，可以避免受到邪恶的市场先生的伤害：忽视它。从我们第五章给出的指数基金列表中选择一组宽基指数基金，买入并长期持有，就这么简单。

↳ 其他错误

　　心理学家研究发现，人们总是以为自己能够控制一些事情，而事实上他们根本不具备这种能力。对投资者来说，这样的幻觉会导致高估投资组合里正在亏损的股票，想象出并不存在的股价趋势，或者以为自己可以从股价图

形中看出某种规律从而预测未来。图形预测与占星术比较
类似。股价的短期变化和随机漫步的情况差不多：根本没
有一种可靠的方法能够通过股价的历史数据预测股价未来
的走向。

同样，所谓季节性的变化模式也不存在，尽管这些模
式看上去在过去数十年都是奏效的。举例来说，一旦有人发
现股市在圣诞节和元旦之间会出现一次反弹，这个模式将会
消失殆尽。因为这个模式会启发许多人根据所谓的规律在圣
诞节的前一天大量买入，然后在元旦的前一天抛售获利。这
样一来，如果你想要获利，就得更早一点行动，比如圣诞节
前两天大量买入，元旦前两天抛售。只要大家都想利用它赚
钱，任何明显的模式一经发现，就不会持续存在。

心理学家还提醒我们，厌恶亏损对投资者的影响超过
了赚钱的喜悦。因为人们从心底不愿意认识或者承认自己的
错误，所以这种心理会让人们在需要用钱的时候卖掉手中赚
钱的股票，继续持有那些亏损的股票。请牢记：卖掉赚钱的
股票，就是在缴纳资本利得税，而卖掉亏损的股票，才是给
自己减免税负。因此，要卖就卖那些亏损的股票，至少能够
减轻自己的税负。

↳ 费用最小化

投资中有一条古老的真理，只要照做，就一定能增加投资收益：让你的投资费用最小化。我们两位作者年复一年地研究如何找到最赚钱的基金，最后的结论是，过去和未来这个问题都无法解决。

投资中有一条古老的真理，

只要照做，

就一定能增加投资收益：

让你的投资费用最小化。

原因如下：过去的业绩数据不能作为预测未来收益的基础。基金经理收取的管理费倒是可以用来作为预测指标。管理费越高，你的投资收益越低。我们的朋友杰克·博格尔[①]喜欢说，在投资领域，"不花钱的才是赚到的"。

　　[①]　杰克·博格尔是先锋集团的创始人，被称为"指数基金之父"。——译者

这种观点在表 4 - 1 中得到了很好的验证。首先，我们收集了所有股票基金在 10 年间的业绩数据，包括年均收益率和费用率，并计算了基金的隐性成本——股票换手带来的交易费用。然后，我们把这些基金按照总费用率由低到高分成四类，统计每一类的平均数据。可以看到，费用最低的那一类，收益率最高。

表 4 - 1　所有股票基金的总费用率和年均总收益率

	2010/6/30 至 2018/6/30 年均总收益率	最新的总费用率	年换手率
费用最低的 1/4	10.29%	0.41%	39.46%
费用较低的 1/4	9.63%	0.97%	50.88%
费用较高的 1/4	9.25%	1.18%	58.82%
费用最高的 1/4	8.85%	1.59%	89.17%

资料来源：Lipper and Bogle Financial Research Center.

如果你想买到业绩排名前 1/4 的基金，很简单，从管理费用最低的 1/4 里面挑选就好。当然，管理费用较低的基金中，最典型的就是本书反复推荐的指数基金。如果计算扣除税费后的收益，就会发现，高周转率的基金税费也较高，这进一步验证了我们的结论。

讨论投资费用最小化的话题，我们要提醒你小心你的股票经纪人。经纪人工作的优先目标是给自己创造收入，明白了这一点，你就能很好地理解他们的所作所为。股票经纪人的工作本质上不是在为你赚钱，而是要从你身上赚钱。当然，股票经纪人通常看起来很亲切、友善、令人愉快，但这完全是工作所需，因为友善的态度能招揽更多的生意。所以，不要被愚弄了，股票经纪人只是股票经纪人，别想太多。

一般来说，典型的股票经纪人平均要和 75 个客户保持联系，代管金额总计约 4 000 万美元。（想想看，你一共有多少个朋友，结交每个朋友要花多长时间。）股票经纪人根据他帮助公司促成的交易额，从客户所付的佣金中提成 40%。因此，如果他的收入高达 10 万美元，就意味着他手头的客户一共支付了 25 万美元的佣金。做个简单的换算，如果他需要赚取 20 万美元，就需要 50 万美元的交易费用。这意味着，他从你和其他客户手中把钱拿走了。钱从你的口袋跑进了他的口袋。和股票经纪人"做朋友"代价实在太大。股票经纪人和市场先生一样狡猾，他们有一件头等大事：让你采取行动，什么行动都行。

　　我们特别提醒你，投资中不要掉入"金拉米游戏"[①]的陷阱。不要像玩金拉米纸牌时选牌和抛牌那样，在股票或基金中换来换去，反复交易会产生大量的佣金和费用，很可能还会多纳税。事实上，我们不建议投资者购买单只股票，也不建议去挑选主动型基金。购买那些费用较低的指数基金，然后长期持有，这样你才能最大可能地确保中等偏上的投资收益，因为你付出的成本比较少。

---

①　金拉米是纸牌游戏的一种，玩牌者争取使手中牌加起来点数不超过10。——译者

第五章

简单至上

第五章

简单至上

20 世纪最伟大的科学家爱因斯坦，在探索宇宙奥秘的过程中有一句重要的格言："任何事物都应该尽可能地简单，但不能过于简单。"我们两位作者深以为然。

我们都知道，财经媒体总爱大肆渲染现代金融的复杂性，投资界也总爱讳莫如深。尽管会有一些骗子向你兜售各种晦涩难懂的花招（因为他们靠这些花招大赚特赚），但你完全可以用简单的方法发财致富。

所以，本章将介绍一些简单易懂且容易操作的原则，帮助你获得财务安全。我们相信，这些原则适用于绝大多数投资者，除了某些情况极为特殊的个人投资者。我们给出的投资组合方案适用于 90% 以上的个人投资者。我们有意回避了某些情况下可能出现的各种复杂的细节，那些细节可能会影响特定的投资人。①

　　在这一章里，我们首先回顾长期成功投资的简单规则，然后提出 KISS（Keep It Simple, Sweetheart）投资组合，希望你后续会使用它。我们认为这些规则和投资组合推荐包含了所有投资者都需要的最佳建议。

KISS 投资组合对 90% 以上的
个人投资者来说，都是适用的。

↓ 重温基本原则

　　下面是一些基本原则的简述，大部分已经在之前的章节中进行了讨论。

1. 规律存钱，尽早开始。

要想拥有充足的储蓄，保障安稳无忧的退休生活，最

_____

① 如果你的财务或税务状况特别复杂，请寻求税务律师或理财顾问的帮助。你最好能找到一个只收咨询费的顾问。那些通过买卖投资产品收取佣金的顾问往往会推荐费用较高的金融产品，这样一来，他们赚取的佣金也更多。

重要的一步就是尽早开始规律地存钱。没有别的致富捷径。致富的秘诀就是根本没有秘诀。除非你是富二代，或是嫁给了有钱人，或是中了彩票，否则，致富的办法只有慢慢变富。尽早开始，规律地尽可能多地存钱，然后持续尽可能长的时间。

2. 利用政府税收优惠政策和雇主提供的福利，更好地存钱。

很多人根本没有好好利用雇员 401（k）或 403（b）退休计划，我们既吃惊又担忧。令人遗憾的是，很多人甚至没有加入美国政府提供的退休金计划，包括那些可以享受雇主等额补贴福利的员工。美国政府其实也付出很多，因为你存入的钱和收益都是不征税的，直到你退休取现时才需要缴纳相应的税费。

3. 准备应急资金。

像保险杆贴纸上写的一样，意外随时会发生。意外是生活的一部分，我们要为不时之需做好准备。这笔钱首先考虑的是安全性和流动性，所以应当投资于高流动性、短期的金融产品。金额的多少由你自己决定。专业人士的建议是，最好预留 6 个月的生活费。新冠肺炎疫情表明，有可能需要保留更多的钱。与所有投资产品的选择原则一样，不要冒险追求高收益资产，而是应该选择投资费用较低的投资工具。投资中，我们能够确定的一点是，付给任何投资服务方的费用越高，投资回报越少。

应急资金可以放在政府担保的银行账户里，也可以投放到可靠的货币基金上。在可选的投资产品中，筛选出收益率最高的。如果是存款账户或银行定期存单，一定要确保你选择的银行是由联邦存款保险公司（FDIC）担保的。

下面提到的货币基金虽然没有参加保险，但通常收益率较高，而且一般不收申购、赎回费（对购买额在250美元或以上的）。一般来说，这些货币基金主要投资大额银行定期存单，或购买信用等级较高的短期企业债券。如果你想确保万无一失，可以选择表5-1中所列的货币基金，它们只投资美国政府担保的债券（称为政府或财政部货币基金）。

表5-1还列出了一些免税货币基金。这些基金投资国债或当地政府发行的债券，所得收益免征联邦税。你还可以了解当地是否有特殊的免税货币基金，这样不仅免征联邦税，还能免征州税。

表 5 - 1　费用较低的货币市场基金（2018 年数据）

基金名称	基金代码	费率	收益率
先锋（Vanguard Prime Money Market）	VMMXX	0.16%	2.15%
先锋（Vanguard Admiral Treasury Money Market Fund）	VMRXX	0.10%	2.19%
先锋（Vanguard Tax-Exempt Money Market）	VMSXX	0.15%	1.48%
富达（Fidelity Money Market）	SPRXX	0.42%	1.85%
富达（Fidelity Government Cash Reserves）	FDRXY	0.38%	1.75%
富达（Fidelity Tax-Free Money Market Fund）	FMOXX	0.45%	1.17%

4. 务必购买保险。

如果你是家里的经济支柱，配偶和孩子依赖你的收入生活，你需要购买人寿保险和长期意外保险。当然，还需要购买医疗保险。同时，在购买保险的过程中，请牢记 KISS 原则：选择那些简单的、收费较低的人寿保险，而不要选择那些复杂的"终身"保险，后者常常会将人寿保险绑定一个费用较高的投资理财计划。

意外险能够弥补你数月无法工作所损失的收入。你可以考虑自己承担相关的风险，以大幅度地降低参保的成本。

你真正最需要的意外险是针对可能导致连续多年无法正常工作的重大事故的保险。购买保险的时候，首先要防范的是重大风险。

与其他金融产品类似，买保险也要货比三家。首要原则仍然是，你支付给金融服务者的越多，他们提供的就会越少。

5. 采用多元化策略减轻焦虑。

多元化可以降低所有投资计划的风险。你的投资组合不应该是几只普通股票，而应该是多元化的资产组合。就股票而言，不能仅局限于美国公司的股票，还包括国外市场的股票，比如中国和印度等快速增长的新兴市场的股票。除了股票，还应该持有债券。一旦遇到金融危机，全球股市都会下跌，多元化投资可以有效降低短期和长期风险。

6. 避免信用卡债务，毋庸置疑。

投资中很少有绝对的法则，除了下面这条——绝不能背负信用卡债务。设想一下，如果一直在以 18%、20% 甚至 22% 的利率偿还未付清的信用卡贷款，你还有能力存钱投资吗？绝无可能。如果你已经背上了信用卡债务，那么，对你来说，利润最丰厚的投资项目就是把债还了，赶紧集中精力把债还了。

7.忽视短期噪声和市场先生的喧闹。

投资者所犯的错误中，最严重的就是投资决策被情绪支配和被大众所影响。投资者被市场先生蛊惑或者盲目随大流，由此作出的买卖决策会带来许多痛苦和资金损失，尤其是在过度乐观或过度悲观的情绪蔓延的时候。当你发现周围人都开始失去理智的时候，请静观其变。保持理智，着眼于长期投资。

8.购买费用较低的指数基金。

没有人比市场知道得更多，因为市场是所有主动投资者和专业投资者的集合，他们的行为决策决定了股票市场的走势。当然，市场也会犯错，时而也会出现像21世纪初那样的严重高估的高科技和互联网泡沫。但是，许多专家从1992年起就一直认为网络股被大幅高估，并预测泡沫将会破灭。

专家预测错误的次数至少和预测正确的次数一样多。然而，一旦预测错误，后果就会非常严重。所以，尽管市场会犯错，而且经常犯错，但千万不要以为自己比市场聪明。在过去50多年里，我们的证券市场发生了较大的变化，投资主体已经从个人投资者变成了全职的专业机构投资者。

今天，只有那些天赋异禀的个人投资者才有机会尝试挑战市场。

我们两位作者，加起来拥有 100 多年的实践经验，能跟踪最新的专业研究成果，在首屈一指的商学院讲授投资课程，担任全球多家投委会顾问——即便如此，我们也选择指数化投资。大多数专业投资者都会将主要的股票投资和债券投资指数化，因为指数基金能够在降低投资成本和减免税费的基础上，让我们的资产尽可能地多元化。

用指数基金来管理所有长期投资资产。指数基金给你带来的不是平均收益，而是中等偏上的收益。之所以能够超过平均收益，因为指数基金收费更低，还可以减少一些不必要的成本和税费。在本章末，我们会推荐一些具体的基金供你选择。

9. 选择主流投资产品，避开不寻常的投资项目，如风险投资、私募股权和对冲基金等。

我们认为投资者应该选择以下三种简单的投资产品：（1）普通股票，也就是制造业或服务业公司的股权。（2）债券，即政府、政府机构或公司发行的债券。（3）房产，最好是自己家庭拥有独立产权的房子。

我们很清楚，那些推销员会不遗余力地向你介绍通过另类投资产品迅速致富的成功案例，比如对冲基金、大宗商品、私募股权和风险投资等。别听他们的。当然，媒体也会时不时报道一些让人羡慕不已的致富故事，但基于以下四点理由，请千万慎重：

（1）任何一种另类投资产品，只有极少数投资人得到了丰厚的回报。

（2）这些产品的平均收益并不理想，平均收益之下的回报非常差。

（3）最佳的投资机会已经被预订和占用，不接受新的投资者。

（4）如果你在投资界还没有站稳脚跟，那么没有可能得到最佳的投资机会。

你有私人飞机吗？你能和电影明星把酒言欢吗？你非常精通投资业务吗？如果答案是否定的，那么你应该远离这些另类投资项目！它们不是为你我这样的普通人准备的。千万要当心！如果你费尽千辛万苦，真的找到一个承诺用另类投资项目帮你赚大钱的基金经理，听听就好，别当真，他的承诺是无法兑现的。

↓ 资产配置

对个人投资者来说，合适的资产配置比例取决于以下几个关键因素。首先要考虑的是年龄。如果你还年轻，有充足的时间经受市场的起伏，可以选择配置较多的股票。如果你已经退休，投资保守一些是很明智的。其次是个人财务状况。假设一位丧偶且多病的女士，无法工作，唯一的收入来源是投资收益，那么她没有能力承受股市下挫造成的大量损失，投资当然就应该保守一些。即使股市未来能够回调，她也没有时间和收入来渡过当下的艰难时刻。最后一个重要因素是你的性格特点。一些人无法承受资产价值的大幅振荡，希望投资组合中配置大量的债券和现金存款。另一些人则更在意资产的长期增长情况。萝卜青菜，各有所爱，谨慎选择就好。了解你的投资组合，让投资组合与你的性格特点和生活状况相符。

了解你的投资组合，
让投资组合与你的性格特点和生活状况相符。

冬天同时在一个滑雪场中滑雪的游客可能多达几千人，但是，每个人都能在适合自己水平的不同坡度的滑道上尽情享受滑雪的乐趣。在生活的各个方面获得成功和幸福的秘诀都是如此，选择与自身能力相匹配的方式并坚持。与此类似，成功投资的关键是了解自己，在自己的能力范围和心理承受范围内进行投资，才能取得成功。

资产配置没有一个固定组合能够广泛适用于 30 岁、50 岁甚至 80 岁等各个年龄段的人群。对一个 80 多岁的老人来说，如果要把资产留给儿孙，投资组合设置成 30 岁模式更合适。计划遗赠给后代的那部分资产，要调整成匹配受赠人年龄，而不是捐赠人年龄的模式。

综上所述，投资成功的关键是选择最适合自己的资产配置组合，考虑的因素有：

- 你的财务状况：现在和未来的资产、收入和存款。
- 你的年龄。
- 你的心理承受能力，尤其是在市场大幅振荡的时候，还有你对市场风险的态度。
- 你的投资知识和能力。

↙ 资产配置分类情况

下面我们来讨论资产配置的具体方案。假设你已有一定积蓄，根据不同的年龄阶段，我们给出的合理资产配置的范围适用于90%的个人投资者。在此基础上，你可以根据财务状况、投资技能和心理承受能力进行个性化的调整。

我们建议，如果有能力，务必购买自住房屋。这主要是为了提升个人生活品质。当然，购买个人住房也在你的投资组合里，在股票和债券之外，增加了房产资产。

> 我们的资产配置建议给你展示了，
> 如何根据年龄和与年龄相关的
> 风险承受力进行资产配置的建议。

下面两个表格给出了如何根据年龄和与年龄相关的风险承受力进行资产配置的建议。表5-2是马尔基尔的建议，这个建议对大多数投资者来说是相对保守的。埃利斯在表5-3中给出了另一个方案，考虑到市场波动性，尤其是目前利率水平低迷，配置了更多的股票资产。

表5-2 马尔基尔关于不同年龄段的资产配置类型的建议

年龄段	股票占比（%）	债券占比（%）
20～39岁	90～100	0～10
40～59岁	80～90	10～20
60～69岁	70～80	20～30
70～79岁	60～70	30～40
80岁及以上	50～60	40～50

表5-3 埃利斯关于不同年龄段的资产配置类型的建议

年龄段	股票占比（%）	债券占比（%）
20～39岁	100	0
40～49岁	90～100	0～10
50～59岁	80～90	10～20
60～69岁	75～85	15～25
70～79岁	60～75	20～30
80岁及以上	65～70	30～35

　　股票资产配置的比例比本书上一版有所提升。因为本版出版的时候，资质最好的美国国债的收益率已经接近0。即使通胀仍然低于2%，投资者收到的回报很低，如果未来利率上涨，债券价格下跌，可能还要承受资本损失。投资组合中持有安全资产也是有道理的，但投资者可能想要使用第

六章中的债券组合来构建这里的债券资产。

埃利斯建议的资产配置组合能带来更丰厚的长期回报，关键取决于投资者是否有能力挺住短期的考验，因为熊市总是不可避免地经常出现。埃利斯指出，大多数年轻人在投资中常常忽视了自身最重要的资产——投资知识，以及未来从工作中获得的收入折算的现值。马尔基尔则提醒，我们随时都有可能失业。2020年春天新冠肺炎疫情导致了突如其来的失业潮，这证明大量不确定性因素会影响我们的生活。

埃利斯认为一般情况下不会发生永久性失业，同时他也认为房屋产权只是投资者整体投资组合的一部分，在扣除通货膨胀之后没有产生投资收益，如果将其视为整体投资组合的一部分，在股票市场出现上涨和下跌之后，整体组合的波动会减少，情绪波动也会减少。我们两位作者还是一致认为，对投资者来说，平安无事总比将来后悔好，因此所有投资者都不应该承担超出自身承受能力的风险。埃利斯和马尔基尔的建议都假定通过指数基金的方式配置股票资产。

我们需要再次强调，投资者选择的资产配置组合取决于个人的心理承受组合净值大幅波动的能力。即使是你的心理医生，也无法给你一个恰当的资产配置方案。如果听从埃利斯给年轻投资者的建议，把股票占比提高到100%，你就要准备接受股市大跌时退休金账户大幅缩水的后果。如果你能够接受这种大幅波动，那就没关系。值得一提的是，马尔基尔在普林斯顿给许多年轻同事当理财顾问，他非常清楚，普通人看到积蓄金额急剧减少时很难保持冷静，这正是为什么他给出的资产配置类型的建议要相对保守一些。

而对那些适应市场大幅振荡的投资者来说，埃利斯建议年轻人把股票占比提高到100%，因为他自己就是这样做的（一直持续到80岁出头），并且对这个做法感到很满意。提高投资组合里的股票占比虽然要冒更大的风险，但从长期来看，得到的收益也很可能更多。（当然，失眠的次数也可能更多。）如果你不确定自己能否挺过最糟糕的市场调整，那就不要冒更大的风险。在吃好穿好和睡得安稳两者中权衡，选择自己能承受的股票占比，这样才能睡得踏实，过好自己的生活。

长期投资要选择费用较低的指数基金。对你来说，最优选择是一只能跟踪全球股市变化的指数基金。如果你确实很难接受投资国外股票，你可以选择美国的全市场指数基金。即使如此，你仍然有很多收益来自国外，例如，可口可乐超过一半的收入来自国外。尽管如此，我们还是建议你做到跨市场多元化，毕竟美国的经济和股票市值只占全球的不到一半。债券的话，选择一只美国的全市场债券指数基金即可。

随着年龄增长，你的投资组合要逐步转向债券为主，如表 5-2 和表 5-3 所示。操作起来很简单，调整每年存入退休金账户的资金比例即可。如果调整新增资金的投资比例还不够，可以逐渐把现有的股票转换为债券。

每年调整一次投资组合，使股票和债券的配置达到对你来说比较合适的比例。假设你期望的是股票 60% 和债券 40%，遇到股市上涨，股票占比增加到 70%。这个时候，就要把股市上赚到的钱拿来投资债券，重新回到 60∶40 的位置。（反过来，如果股市下跌，股票占比降低到 50%，就要卖掉一些债券，把钱拿来买入股票。）如果还有其他资产，再平衡的时候请务必使用免税的账户资金，比如个人退休金账户，这样才能避免损失其他账户的收益并且避免减少退休金。

长期投资要选择费用较低的指数基金。对你来说，最优选择是一只能跟踪全球股市变化的指数基金。

↓ 退休后的投资

针对退休人士，我们建议投资组合以债券为主，因为债券能够提供相对稳定的收入来源。与此同时，在投资组合里加入一些普通股票以达到抗通胀的目的。在全市场债券指数基金组合里加入一些财政部发行的通胀保值债券（treasury inflation protection bonds，TIPS）。所谓通胀保值债券，是指债券与消费者价格指数（CPI）挂钩，利率随通货膨胀率的上涨而上涨，这样一来，购买该债券的退休人士在通货膨胀时就能得到更多的收入。

请牢记一种重要的特殊情况：如果你的钱足够花，也就是说，不需要资产套现就能应付日常开销，那么，你可以选择适当提高投资组合中股票的比重。那些想要留给儿孙的财富，应该按照他们的年龄而不是你的年龄来设定投资组合。

然而，大多数人在退休生活阶段都需要动用大量退休金。这时他们需要作出一个决策，购买保险年金的时候应该动用部分积蓄还是全部积蓄。固定保险年金是与保险公司签合同，根据最初投入的资金，保险公司会在你有生之年每年向你支付固定的收益。这类产品最大的优点是能避免出现"人活着，钱花光了"的窘境。大多数财务顾问都会建议退休人士购买保险年金。

当然，也有一些人的情况不适合购买保险年金。受保人一旦死亡，保险公司就不再支付年金。因此，如果你健康状况不佳，购买保险年金能够很好地保障退休生活，可是，如果你资产可观，能够给儿孙留下大量的财富，保险年金就不是一个好选择了。保险年金还有一个重大缺点，支付款是固定的，无法抗通胀。

以下是我们的 KISS 建议：如果你退休时身体相当健康（尤其是你的遗传基因比较健康，没有什么重大疾病风险），拿出一半的资金购买固定收益的保险年金。这样即使你活到 100 多岁，也不会出现重大财务困境。那些根据通胀调整支付金额或者具有其他花里胡哨的功能的年金，看上去更有吸引力，但是收费很高，并且很难分析研究。别忘了货比三家。总之，直接从保险公司购买，而非找一个对佣金饥渴的销售代表购买，可能会更加优惠。

↳ 具体建议

本部分会列出一些基金，推荐给你在投资时选择。推荐的所有基金都是宽基指数基金，投资成本非常低。

不是所有的指数基金都相同，有成百上千种可以选择。一些权益指数基金专注于投资大公司（所谓的大市值公司）。标普 500 指数基金就是其中一只。有些基金专注于小市值公司，或者专注于成长股，或者专注于特定行业的公司，或者专注于海外公司。也有各种各样的债券型基金，从短期政府债券到高风险的高收益债券。我们推荐你关注两个宽基指数基金——全市场指数基金和全市场债券基金。

我们提供了很多宽基指数基金供读者选择。这样做不是认为投资者需要从每个基金类型中选择多只基金投资，而是因为两位作者都与先锋基金有长期的合作关系，所以希望避免相关利益冲突。

列出的所有基金都符合低成本的标准。我们推荐国际化的指数基金。美国仅仅代表全球股票市场的 40%。我们从日本和德国购买汽车，从法国、澳大利亚和智利购买葡萄酒，从中国、越南和印度尼西亚购买衣服。你的股票组合也应该如此。如果你没有投资全球指数基金，我们建议股票投资组合中的一半投资美国全市场指数基金，剩下的一半投资国际股票市场基金。

我们也列出了合适的美国股票指数基金。推荐整体市场指数基金，而非细分领域的热门的指数基金，如标普500大市值指数基金，因为标普500仅代表美国股票市值的70%，其中排除了30%的小市值公司，那些小市值公司中有许多极具创业精神和快速增长前景的小企业。

表5-4列出的基金都很适合投资，但需要注意费率的差异。

表5-4　美国全市场指数基金（2018年）

基金名称	跟踪指数	小额申购费	最新费率	是否可税前扣除	是否支持基奥计划*	是否支持401（k）退休金账户
富达斯巴达全指数基金（Fidelity Zero Spartan Total Index）	道琼斯全市场指数	无	0.00%	是	是	是
嘉信全市场股票指数基金（Schwab Total Stock Market Index）	道琼斯全市场指数	无	0.03%	是	是	是
先锋全市场指数基金（Vanguard Total Stock Market Index）	CRSP美国全市场指数	无	0.04%	是	是	是

＊基奥计划是个体经营者的退休计划。

初次尝试的投资者一开始要选择美国全市场指数基金，

之后再购买国际全市场指数基金。美国全市场指数基金也能实现部分的国际多元化，因为许多美国公司的业务遍布全世界，比如通用电气和可口可乐——它们都在海外有很多业务。但是，我们仍然认为，投资者应该在投资美国全市场指数基金的基础上，再投资一只国际股票市场指数基金。我们在表 5-5 中列出了推荐的适合投资的国际股票指数基金。

表 5-5 精选的国际股票市场指数基金（2018 年）

基金名称	代码	小额申购费	最新费率	是否可税前扣除	是否支持基奥计划*	是否支持401（k）退休金账户
先锋国际股票指数基金（Vanguard Total International Stock Index）	VGTSX	无	0.17%	是	否	否
富达零费率全市场指数基金（Fidelity Zero International Index）	FZILX	无	0.00%	是	是	是
先锋全球股票指数基金（Vanguard Total World Stock Index）	VTWSX	无	0.17%	是	否	是

*基奥计划是个体经营者的退休计划。

还有一站式投资方法，可以通过投资一只基金同时投

资美国和国际市场的股票。这只基金被称为全球股票指数基
金（Total World Stock Index Fund）。该基金的费率比之前推
荐的基金略高一些，但投资一只基金就可以实现海外投资多
元化，像一站式购物，确实很方便。全球股票 ETF 基金更
新及时，也很适合投资。

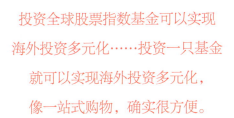

投资全球股票指数基金可以实现

海外投资多元化……投资一只基金

就可以实现海外投资多元化，

像一站式购物，确实很方便。

广泛多元化的组合除了股票之外，还应该包括债券。
我们认为基金是个人投资者投资债券的最高效的投资工具。
我们在表 5 – 6 中推荐了三只适合投资的债券基金。

表 5 – 6　精选的债券指数基金（2018 年）

基金名称	小额申购费	最新费率	是否可税前扣除	是否支持基奥计划*	是否支持401（k）退休金账户
施瓦布美国债券基金（Schwab U.S Aggregate）	无	0.04%	是	是	是

续表

基金名称	小额申购费	最新费率	是否可税前扣除	是否支持基奥计划 *	是否支持401（k）退休金账户
先锋全债券市场指数基金（Vanguard Total Bond Market Index Fund Admiral）	无	0.05%	是	否	是
富达美国债券指数基金（Fidelity US Bond Index）	无	0.02%	是	是	是

＊基奥计划是个体经营者的退休计划。

我们认为列出的基金适合用于投资股票和债券市场。

一些投资者可能会发现交易型开放式指数基金或称ETF基金是比较有用的投资工具。ETF基金大部分是基于指数构建的，像个股一样交易。两个最流行的ETF基金是跟踪纳斯达克100指数的QQQQ（或称cubes）和跟踪标普500指数的Spyder。这些ETF都没有我们期望的投资范围广泛，幸运的是，现在能够找到一些新的ETF基金跟踪美国和全球股票市场指数。

表5-7列出的是我们推荐的ETF基金。ETF基金一般管理费非常低，也比普通基金节约税费，因为ETF基金卖出时不需要纳税。这对那些需要纳税的投资者来说是一个好

处。然而，购买 ETF 基金要收取交易佣金，小额多次购买
带来的佣金可能会超过其带来的好处。免佣指数基金不收取
认购费。如果你要进行大额投资（比如重新设立一个个人养
老金账户进行投资），ETF 基金是一个理想的选择。

表 5-7　ETF 基金费率（2020 年）

ETF 基金	跟踪指数	费率
美国股票		
安硕罗素 3000（iShares Russell 3000）	IWV	0.20%
先锋全市场（Vanguard Total Stock Market）	VTI	0.03%
全球非美国股票		
先锋 FTSE 全球（Vanguard FTSE All World）	VEU	0.08%
标普 MSCI 全球（SPDR MSCI ACWI）	CWI	0.30%
全球含美国股票		
先锋全球（Vanguard Total World）	VT	0.08%
安硕 MSCI 全球（iShares MSCI ACWI）	ACWI	0.32%
全球债券市场		
先锋全债市场（Vanguard Total Bond Market）	BND	0.03%
安硕核心总和（iShares Core Aggregate）	AGG	0.04%

先锋全球 ETF 基金能够一次性满足你的多元化需求，
包括美国国内市场多元化和海外市场多元化。

第六章

应对艰难时期的
永恒经验

第六章

应对艰难时期的永恒经验

从《投资的常识》第一次出版以来，投资者经历了艰苦备尝的经济困难时期，股市也出现了史无前例的大幅波动。在 21 世纪前 10 年结束的时候，某些投资观察者认为金融体系可能会自我毁灭，资本主义大步倒退。人们普遍认为稳定的世界经济"大缓和"时期已经终结，衰退的经济让人不禁将其与 20 世纪 30 年代的"大萧条"相提并论。欧洲许多国家陷入债务危机，欧盟存在的必要性也受到广泛的质疑。股市市值损失一半，投资者把这 10 年称作"失落的10 年"。

那个时候，许多投资者直接选择放弃股市投资，这并不意外。大家被股市行情吓坏了，把养老金投入股票市场看起来风险太大，普通人无法承受。而且，某些专业人士，尤其是那些靠频繁交易赚钱的人，宣布"长期持有"的投资策略已死，投资成功的唯一方法是"找准投资时机"。同样，还有"多元化投资策略已死""当今各个股票市场已经高度相关""股市下跌的时候，人人都要遭殃"等陈词滥调。这些自相矛盾的建议，让投资者不知所措。

我们并不赞同上述观点。我们认为，本书讨论的投资经验是能够经受时间考验的，而且在应对当今不稳定的市场时尤为适用。我们确信，对于那些要花费很多年积累养老金的长期投资者来说，市场的短期波动不代表真正的风险。恰恰相反，波动性是长期投资者的好朋友，对那些有定期收入并能长期规律地定投的投资者而言，能够切实提高定投收益；而那些试图预测投资时机的人，反而总会在错误的时间作出错误的决定。

一旦你开始预测市场，你就成为自己最大的敌人。焦虑不安的投资者不可避免要犯错，而且常常把短期的小错误酿成长期的重大损失。人们在经济危机中的行为使我们更加确信择时行为的愚蠢。这种情况，我们已经见识过很多了。在2000年初的互联网泡沫高点，过分乐观的投资者把所有积蓄都投入到互联网股票中。而在金融危机最严重、股市接近底部的 2008 年，人们又以前所未有的规模将资金从股市中撤出来，而非利用股价低的时机投入资金。在 2011 年欧洲债务危机恶化、股市跌到谷底的时候，同样的情况又再次发生。

多元化投资策略和投资组合调整策略都是我们所倡导的，也都经过了时间的检验，确实能够降低投资风险。[①] 我们认为这些永不过时的投资经验非常重要——尤其是在市场不稳定和错误建议满天飞的今天。因此，我们特意增加了第六章的内容。

↓ 市场波动和定投

对于长期投资者来说，股票市场波动可以变成一件好事。这里所说的长期投资，指的是穿越多个市场周期，通过定期投资长年累月地积累一笔养老金，比如参与美国退休金计划 401（k）。如第三章所述，这类投资者能够通过定投从市场波动中获益。为了阐明这条简单有效、经时间检验的原

---

① 稍后会提到多元化投资策略，这项策略在应用中需要微调。

理，我们做了具体的对比，在波动的市场和持续上涨的市场两种情况下，比较耐心的投资者在前一种情况下的收益要好于后者。

之前给出的是假设条件下的计算结果，下面我们用历史数据来证明：持续定投的投资者能够不断积累财富，即使是在股市原地踏步整整 10 年甚至更久的情况下。21 世纪前 10 年是历史上最困难的投资时期之一。起初，互联网泡沫破灭导致股市下跌接近 50%。后来，全球金融危机来袭，股指再次下跌近 50%。2010 年底，标普 500 指数比 2000 年 1 月的数据还要低。这 10 年让美国许多投资者损失惨重。可是，对那些老老实实遵循本书原则进行长期投资的人来说，这 10 年真的有那么糟糕吗？

在图 6－1 中，我们假设投资者在 2000 年 1 月开始投资，这实在是很糟糕的时机选择，因为当时股市处于历史高点。但是，她始终坚持定期投资，无论市场行情好坏，保持自律，明确目标，即使在最初账户资产损失过半的时候也坚持到底。为了计算方便，我们假设她每年 1 月投资一次，每次 1 000 美元，所有的分红都用于再投资。用标普 500 指数计算，得到的结果如图 6－1 所示。

图 6-1 定投在"失落的 10 年"中的表现

从图 6-1 中可以看到，这 10 年对许多投资者来说是损失惨重的 10 年，但长期坚持定投的投资者最终获得了显著的正收益，而且数目可观。我们认为，未来的股市仍然会持续地存在短期波动。在长期投资者看来，市场波动很讨厌，但这不是问题，而是机会。长期投资者能够也应该忽视市场不可避免的波动。对希望享受安稳的退休计划而不得不承受市场的涨涨跌跌的长期投资者来说，主要的风险是因为难以承受股价短期波动而中断了定投计划。定投是长期投资者的四位好朋友之一。

✦ 多元化策略，降低风险的持久之道

多元化是一项经得起时间考验的降低风险的策略。正如健康是幸福生活的保障一样，多元化是成功投资的基础。所谓多元化，就是投资组合中的资产类型多样化，以提高熊市中的投资收益的稳定性。然而，在近期低迷的股票行情中，多元化策略也受到了挑战。当然，反对者的观点中也有一些可取的地方，他们认为多元化策略在我们最需要的时候却失败了。不同国家的股市变得越来越相关，全球化让各国股市同步涨跌，尤其是突如其来暴跌的时候同步性更强。即使考虑这些争论的部分合理性，多元化也是极其有效的手段，它是长期投资者的另一个好朋友。

首先，并非所有的金融资产都会同步涨跌。举例来说，股价下跌的时候，债券往往升值。如果预期未来经济衰退，企业利润会下降，股价会下跌。这个时候，货币管理部门往往会通过降息来减缓经济衰退，如果降息，债券价格就会上涨。因此，债券和股票就像跷跷板的两端，可以让你的投资组合整体保持稳定。事实上，近些年债券和股票的收益回报变化趋势刚好是相反的。（本节后面会进一步讨论当前环境

下的债券情况。)

其次，就算全球各国市场几乎同步涨跌，不同国家的股市表现仍然有巨大差异。从图 6-2 中可以看到，在 21 世纪初，虽然发达国家和新兴市场股市的短期波动方向是一致的，但长期的整体走势和涨幅大不一样。这 10 年中，发达国家股市整体基本持平，年均增长率极低；而新兴市场股市年均增长率为 10.1%。

图 6-2 在"失落的 10 年"中发达国家和新兴市场的股市表现
资料来源：MSCI and Bloomberg.

↳ 投资组合调整

我们希望在这里再次强调在第三章已经介绍过的投资

组合调整这项策略，该策略经过时间的检验，尤其是在市场剧烈波动的时期。请你再回忆一下投资组合调整策略的含义：定期，比如每年一次，审视各类投资资产的比例，根据适合自己的标准将投资组合调整为既定的比例。举例来说，如果你比较容易因为波动而焦虑，认为投资组合中的股票比例不超过50%——其余仓位配置债券资产。那么，投资组合调整意味着，如果股价涨、债券跌，股票占比可能提高到70%，而债券占比降至30%，这个时候，你应该卖掉一些股票，然后购入一些债券，保持两者比例为50%，也就是符合你风险承受能力的投资组合比例设定。

后文将详细介绍将股票和债券投资比例调整为60：40的收益。在15年中，每年一次的投资组合调整对年均收益的贡献约为1.5%，而且也保持了年均收益的稳定性。你或许对此感到好奇：收益改善这么多的秘诀究竟是什么？答案很简单，投资组合调整能够把某类行情表现特别好的资产升值赚到的钱，用来投资另一类价格更低的资产。

如果你能用长远的眼光来分析市场，就能够明白投资组合调整这项策略奏效的原因。每年1月进行一次投资组合调整，拿 2000 年 1 月来说，没有人能够预料到当年 3 月互联网泡沫就会破灭。但是，你能够清楚地看到股价在极度乐观的市场情绪中急剧上涨，利率提高导致债券价格下跌。所以 1 月份投资组合股票和债券的比例已经变成了 75∶25，而非最初计划的 60∶40。通过投资组合调整，你会卖掉一些股票，买入一些债券，重新回到原来设定的比例。再拿 2003 年 1 月来说，当时股市大跌，利率下降，导致债券升值。没有人知道股市在 2002 年 10 月已经触底了，但是，你能够清楚地看到，那时投资组合中债券占比已经提高到 55%，大大超出了原来设定的 40%。于是，你卖掉一些债券，买入一些股票。同样，在 21 世纪第一个 10 年的末期，全球金融危机前后，投资组合调整策略再次生效。美国国债的利率已经降到零附近，2009 年 1 月，组合中的债券比例再次超标，而股票比例低于标准，又到了投资组合调整的时间。

遵循投资组合调整策略，你会采取与大多数投资者相反的行为。大多数投资者往往在市场高点买入，而在低点卖出，前者过度乐观，后者过度悲观。（当然，过度乐观或过度悲观恰恰是市场见顶或触底的原因。）而投资组合调整让你反其道而行之。对长期投资者来说，自律的投资组合调整是另一位最佳的朋友。

↴ 多元化和投资组合调整相结合

多年来，马尔基尔一直建议 ① 投资者在 50 岁左右将投资组合设定为：债券 33%，美国股票 33%，其他发达国家股票 17%，新兴市场股票 17%。（这只是一个粗略的指导意见。）每个人对风险的估计和承受能力都不同。埃利斯认为，最初配置债券资产可以从 20% 开始。无论具体比例多少，我们都一致推荐定期调整投资组合，在后面的例子中，能够看到定期调整带来的好处。图 6 – 3 展示了这样做的好处，两条曲线分别代表的是马尔基尔的多元化投资组合和未进行多元化配置的纯美国股票投资组合。可以看到，在 21 世纪"失落的 10 年"艰难时期，未进行多元化配置的纯美国股票投资组合基本持平。尽管主要发达国家股票市场低迷，但马尔基尔每年调整的多元化投资组合市值几乎翻了一倍。

---

① Burton G. Malkiel. *A Random Walk Down Wall Street*, 12th ed. (paper, New York: W.W. Norton, 2020).

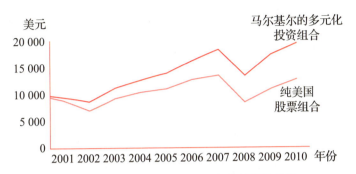

图 6-3 多元化和投资组合调整相结合的优势

资料来源：Vanguard and Morningstar.

↓ 至少投资组合的核心部分要指数化

《投资的常识》第一次出版至今，持续低迷的市场行情进一步论证了第二章的内容，即指数基金作为投资工具的有效性，如果做不到全部指数化，至少投资组合的核心部分要实现指数化。跑赢市场意味着你需要超越那些工作勤奋和消息灵通的专业人士。股市的变化源于每个参与者的决策变化；当他们采取一致行动的时候，就会出现行情的重大变化。过去50多年，股市交易量增长了2 000倍，从每天200万股增加到40亿股；金融衍生品交易（如期权、掉期合同等）的交易额从无到有，甚至超过了股票和债券市场的交易额。

更重要的是，全世界从事投资工作的专业人才数量增长惊人，他们勤奋工作，努力在竞争中获取微弱的优势。由于各大金融机构中数以百万计的信息灵通、通晓专业、工作勤奋的专业人才的存在，投资领域竞争异常激烈，单个投资者跑赢市场的机会越来越渺茫。结果，当今股市像一个巨大的需要不断作出预测的市场，由那些数以万计的独立的、经验丰富和相互竞争的金融机构每天作出的价值预测决策所决定。任何一只股票基金的基金经理，如果违背了业内共识，业绩就会受到严峻的挑战。大量的数据表明，我们没有任何办法提前找出那个跑赢市场的基金经理——扣除交易费、税费和管理费之后。当然，总有极少数基金经理能够持续跑赢市场，但是没人能够找到一种可靠的方法提前找出哪几个投资经理是幸运的。

时间越长，持续跑赢市场的概率越小。讽刺的是，难以持续跑赢市场的原因恰恰是有太多的专业人才参与其中，他们都非常有才能。要想提前预测哪个基金经理能跑赢市场，难上加难。指数基金接受这些专家的集体判断，因此它们能够持续跑赢 2/3 的主动型基金，而剩余的 1/3 只是短暂跑赢指数基金，下一次跑赢市场的是另外一批人。此外，跑输市场者是跑赢市场者的两倍。

专业媒体往往鼓吹如下观点：当今频繁波动的市场中投资主动型基金更合适，而且管理费低廉。千万别信！尽管主动型管理基金的交易费率保持稳定，近年来甚至出现下降的趋势，但基金收取的管理费仍然比50年前高。然而，投资业绩并没有提高。

管理费上涨，跑赢市场的可能性下降，这些客观事实给所有轻信基金管理费低廉的投资者一个明确的提醒。他们应该认真思考一下，不再轻信主动型基金的管理费低廉的观点，正确的观点恰恰相反，管理费很高，太高了！

当然，和投资资产整体相比，管理费看上去很低，通常只有总资产的1%左右。但是，资产是投资者本身已有的财富，所以，管理费不应该和总资产相比，而应该和管理人创造的未来的收益相比。如果计算管理费占投资收益的比例，管理费就不再显得低廉了。我们来算算，如果全部投资年均收益率为7%，那么管理费占比并不是1%，而是更高的数字，超过了14%。

但是，这样重新计算的结果仍然低估了主动型基金的实际费用。原因如下：指数基金和ETF基金能够实现股市平均收益，无须承担额外的投资风险，管理费比本书第一版出版时低，只有 0.05%，甚至更低。因此，投资者不应该计算管理费占总收益的百分比，而应该计算增加的管理费（相比指数基金）占主动型基金跑赢指数基金并经过风险调整后的超额收益的百分比。

修正后的结果才是正确的，也证明了管理费确实很高。尽管如此，还没有考虑其他因素，比如对个人投资者而言，主动型基金投资组合每年 50% ～ 100% 的换手率，那么产生的税费就会非常多。对于那些期望打败市场的基金经理而言，增加的费率相当于增加收益的 50% 甚至更多。费用一般会倾向接近高的一端，而不是低的一端。还有什么别的行业，收费如此之高吗？

管理费不代表全部，但是也并非无足轻重。对于投资者来说，有一点确定无疑，那就是我们支付的费用越多，收益就越少。对大多数投资者来说，费用要比想象中的重要得多。难怪越来越多的个人和机构投资者都转向了 ETF 基金和指数基金，这些投资者无论是否具备相关经验，都持续地增加了两种基金投资。

当然，基金行业受益于高收费而欣欣向荣，主动型基金总会持续鼓吹投资者转投最近业绩"最佳"的基金。你经常会看到这样的广告，转投晨星评级四星或五星的基金，你将变得更加富有，尽管晨星公司自己也承认，所谓基金的四星或五星评级并不能预测未来的业绩表现，真实情况是仅仅根据基金费率排名能得到更好的业绩预测结果。事实上，晨星研究了2000—2011年大量基金投资者的表现，结果发现，追逐良好业绩的基金让他们损失了数十亿美元。如果他们只是随便买一只投资广泛的指数基金，然后长期持有，结果会好得多，每年收益率会提高近2个百分点。

↳ 微调债券多元化策略

在本书第一版中，我们在敦促投资者进行多元化资产配置时，建议增加那些与股市相关性很小的资产。21世纪初，债券曾经是非常好的多元化工具，能够稳定投资组合收益，尤其是在股市大跌的时候。然而，如今情况不同了，债券的收益非常低。我们认为现在正处于债券收益低迷的时代，债券投资者对各种债券的收益率都不会满意。因此，如果投资者仍然需要债券提供的稳定收益，就需要仔细考虑投资组合的配比。

不幸的是，我们总是时不时要经历一场"金融衰退"，这种时候，过度追求安全性和稳定性的投资产品，收益率都会明显偏低。许多发达国家都背负了沉重的债务。各国政府都面临控制财政支出的严峻挑战。目前许多政府采取的所谓"缓和政策"就是有意地在相当长的一段时期内强制储蓄者接受低于通胀水平的利率，以减少真实的债务负担。这类金融衰退是另一种形式的债务重组和隐形征税。如今，美国10 年期国债的收益率在 0.625% 左右，仅比通货膨胀率高一丁点。即使未来 10 年的平均通货膨胀率只有 2% ～ 3%，投资者真实的收益也是负的。如果通货膨胀加速，投资者的损失就会更大。此外，债券价格会下跌，进一步加剧了投资者的损失。

这一场景似曾相识。第二次世界大战后，美国的负债超过了当时的 GDP，和今天的水平相当。美国政府战后的应对政策是，将利率限定在战争期间的低水平上，20 世纪40 年代末的 10 年期国债只有 2.5% 的收益率，直到 20 世纪50 年代初期才逐步上调。最初利率保持在较低水平，当利率上涨之后，持有债券的投资者遭受了投资损失。20 世纪

80 年代，持续通货膨胀使得美国债务占 GDP 的比重下降至
30% 左右，这期间债券的持有人受到了双重打击。尽管长期
持有债券的投资者名义上收益勉强为正，但实际收益（考虑
通货膨胀）显著为负。随着利率翻一倍，又翻一倍，持有债
券的投资者损失惨重。现在，我们正在经历类似的时期，债
券投资者很可能会遭受同样的损失。

　　那么，投资者该怎么做，尤其是希望获得稳定收益的
已退休投资者？他们应该考虑两种策略。一种策略是挑选信
用风险适中，但收益比美国国债高的债券基金。另一种策略
是选择高分红蓝筹股组合替代债券组合。

　　尽管投资长期美国国债在今天很可能遭受损失，但并
不代表所有的债券都会表现得非常糟糕，还是有一些收益高
于国债的债券值得投资。其中一类是市政免税债券。联邦和
地方政府的财政问题众所周知，地方财政预算的风险使得各
类市政免税债券的投资收益都高。但许多地方政府债券的偿
债资金来源稳定，收益率也比国债高。（在封闭型投资公司
能买到高收益、多元化的免税债券基金，这类基金的投资杠
杆适度，收益率在 6% 左右。如果未来税率进一步上调，这
类债券基金作为投资产品的吸引力也会不断增强。）

和美国市场的债券相比，一些国家财政状况较好，债券收益更有吸引力。以澳大利亚为例，高质量债券收益率在7%～9%之间。该国的负债占GDP的比重很低，只有40%左右，人口相对年轻，资源丰富，经济前景良好。澳元对美元汇率持续上升。澳大利亚安全系数较高的债券收益率也很高。多样化的新兴市场优质债券投资组合的收益率要远远高于美国。

另一种策略是用高分红蓝筹股组合替代美国国债组合。美国国内市场有许多业绩很好的公司，它们的股票收益要远高于它们发行的债券，而且未来分红可能还会稳步增加。以AT&T为例，它的股息率约为6%，远高于它发行的10年期债券的收益率。而且，AT&T连续35年增加股票分红，股利复合年增长率达到5%。而它的债券收益是固定的。在通货膨胀加速的时期，AT&T的业务收入和分红都会增加，这让它的股票投资风险比债券还要小。我们认为，对于追求收益的投资者来说，持有这些高分红蓝筹股要比持有这些公司的债券更可靠。表6-1比较了两种组合的投资收益率，第一种是普通的、多元化的普通债券基金组合，第二种是新兴市场债券基金和高股息股票基金的组合，收益高于预期的通货膨胀率。

表6-1 在低利率环境下的债券投资替代组合

组合	2012 年底收益率
（1）普通债券基金组合	
先锋全市场债券 ETF（BND）	2.5%
（2）替代组合	
新兴市场债券 ETF（EMB）	4.5%
先锋高股息股票基金（VEIRX）	3.0%
替代组合平均	3.9%

可以看到，表中投资广泛多元化的全市场债券组合，其 ETF 代码为 BND，2018 年的收益率不到 3%。而作为替代的投资组合，一半投资新兴市场债券，一半投资高分红蓝筹股，平均收益率为 3.9%。而且，股票的分红很可能随时间推移而增长。

↳ 最后的总结

我们相信，未来将会有更多的未知等着我们，股市也将持续波动。那些追逐热门股或近期业绩靓丽的基金的投资者将频频受挫，然后在恐慌和逆境中清仓。而那些真正的长期投资者只关注自己可控的部分，如投资费用，他们能够经受住短期波动的考验，坚持长期定投的理性选择，最终获得成功。以下四项投资策略是真正的长期投资者最好的朋友，根据这四项投资策略进行投资将会得到最佳的投资结果。

- 多元化
- 投资组合调整
- 定投
- 指数化

耐心和坚持是投资成功的关键因素。那些能够运用上述工具，并坚持执行明智的长期投资计划的投资者，将获得最后的成功。

超级简单的总结

KISS 投资法

KISS 投资法

想要拥有舒适无忧的退休生活，方法其实很简单，但要真正做到，需要自律和毅力。

1. 定期存钱，尽早开始。

2. 利用政府或公司的退休金优惠政策，减免税费和增加储蓄。

3. 通过低收费的全市场指数基金投资广泛多元化的证券资产；资产配置多元化。

4. 按照适合自己的投资组合比例，每年进行一次投资组合调整。

5. 坚持到底，不受市场波动干扰；市场波动可能会导致后果严重和代价惨痛的错误。眼光放长远一点。

KISS 投资法：亲爱的读者，保持简单就好。这是保障退休生活最好的、最简单的、最低价的也是最无忧的策略。行动吧！

　　请丈夫们和妻子们务必了解家庭投资的全部情况。我们每个人对投资、股市和金钱的看法都不尽相同，所以家庭成员要反复沟通彼此的意见和感悟，这样才能增进了解并一起做好决策。

附录　合理避税

　　美国政府希望鼓励民众增加储蓄，实施了各种各样的退休金计划。个人可以通过参加这些计划增加储蓄，并享受税费减免优惠，而且，参与资金复利增长的收益也是免税的。下面我们就来详细了解一下这些税收优惠计划。这部分内容不可避免会比较烦琐和枯燥，让很多读者不喜欢。你可以选择略过，只要你确保至少充分利用了其中一项退休金计划。这些计划不仅能帮助你增加储蓄，而且能够让你的储蓄收益以最快的速率实现复利增长。

✦ 个人退休金账户

　　对每个人来说，最简单的存钱和退休金计划就是个人退休金账户（IRAs）。任何有工资收入的雇员每年都可以拿出最多 5 500 美元（如果年龄超过 50 岁，上限为 6 500 美元）用于投资共同基金或其他投资工具。如果你的收入超过该法定上限，就可以从应纳税收入中扣除这 5 500 美元。也就是说，如果你适用的税率为 28%，拿出来投资的 5 500 美元实际上只花了你 3 960 美元，因为你要缴纳的税款减免了 1 540 美元。而且，这 5 500 美元的投资收益和复利都是免税的。如果你的收入比较高，则无法享受同样的初始减税优惠，但 IRAs 的投资收益和复利的税收优惠是一样的。实际上是政府在对你存钱进行奖励。

现在，假设你 23 岁开始工作，每年将 5 000 美元用于投资，持续 45 年的时间。进一步假设，你选择的是一只投资足够多元化的共同基金，年均收益率为 8%。在你退休取现之前，这个投资账户里的资金是完全免税的。通过 IRAs 来执行上述投资计划，投资账户的资金最终将超过 200 万美元。而如果没有利用 IRAs 的税费优惠计划（即所有收入都按照 28% 的税率纳税），那么，同样的投资计划你最终只能得到 75 万美元。采用 IRAs 税费优惠计划，即使退休取现时需要缴纳 28% 的税，你最后也能拿到 150 万美元，而且，你退休时适用的税率很可能要比28% 低。图 A – 1 展示了利用税收优惠计划进行投资的显著优势。

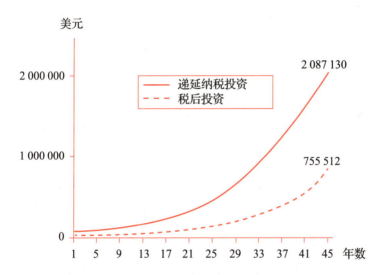

图 A – 1　递延纳税^①的投资计划明显好于税后投资计划
（假设每年投资 5 000 美元，年均收益率 8%）

你不需要中彩票就能当上百万富翁。任何一个人，只要有能力定期存钱并尽早开始，就能够成为百万富翁。

---

　　① 递延纳税指的是暂不征收个人所得税，到实际取现时再履行纳税义务。——译者

↓ 罗斯个人退休金账户

罗斯个人退休金账户（Roth IRAs）是个人退休金账户的一种，适用于个人收入低于某一特定标准的情况。（如果你符合标准，任何一家基金公司都能向你介绍该计划。）传统 IRAs 可以立即将你用于投资的资金从应纳税收入中减去，也就是说，当时就让你尝到甜头。当你退休取现的时候，政府才对账户里的资金征税。罗斯 IRAs 则给你另一种"先苦后甜"的选择，存入时不减税，但退休取现时完全不纳税。

你也可以两者兼顾。只要你的收入符合有关标准，就可以把传统 IRAs 账户中的款项转入罗斯 IRAs。[①] 转换账户时，需要将转入的这部分金额缴税，完成账户转换之后，未来的收益和取现时的个人所得税都会免除。此外，退休的时候不强制要求你取现，只要你愿意，投资可以持续到七八十岁。因此，这个账户能给后代积累相当可观的免税资产。

哪种 IRAs 账户对你来说才是最优选择？这个问题有点

---

① 2018 年，无论收入多少，个人都能把传统 IRAs 转为罗斯 IRAs。

复杂。答案取决于多种因素，比如你现在适用的税率和退休时适用的税率相比，孰高孰低？又比如，除去每年 IRAs 的投资，你是否还有足够的资金来缴纳个人所得税？大多数基金公司都配有简单易用的"罗斯分析器"。一般来说，如果你目前的税率较低而且很多年之后才会退休，采用罗斯 IRAs 结果很可能更好。而如果你的收入太高，无法享受传统 IRAs 的减税，但恰好低于罗斯 IRAs 的标准，那么，罗斯 IRAs 就是正确的选择，因为你的每笔投资都是税后进行的。

✦ 养老金计划

退休金计划（pension plans）适用于大多数雇员，自雇者也可以量身打造自己的计划。大多数雇员现在都采用 401（k）计划；教育机构则采用类似的 403（b）计划。这些都是理想的存钱工具，因为这笔钱在你看到之前就直接从工资收入中划走了，你也就摆脱了花这笔钱的诱惑。更好的是，许多雇主会往你的账户存入相同的金额，也就是说，你存入账户的每一块钱都能翻一番。截至 2018 年，你每年最多可以往退休金账户存入 18 500 美元，这些钱不计入应纳税收入。如果你已经超过 50 岁了，需要加快退休金储蓄进度，投资上限也相应上调为每年 24 500 美元。

截至 2020 年，自雇者都可以创建基奥计划，无论是雅芳直销员还是医生，每年存入收入的 20%，上限为 56 000 美元。这部分钱和投资收益都是暂时免税的，直到退休取现时才征税。即使你在工作单位已经有一个 401（k）账户，兼职收入也适用于这项附加的投资计划。基金公司可以帮你准备所需的各种文档，并且可以就其他类似的"自主决定"的退休金计划提供建议。

所谓"自主决定"，指的是你可以选择任何一种共同基金来进行退休金储蓄投资。这些计划是应对国税局的最优合理避税手段。你如果不能利用这些避税手段尽可能地增加储蓄，你就大错特错了。如果关于这些退休金计划你还有更多的问题，可以在国税局领一些小册子，那上面有详细的法律规定。

我们理解，许多人已经为生活所迫，只能努力满足基本的生活需求，不愿意或者没有能力拿出余钱来利用上述机会。我们认为，处于这种境地的人应该这样做：优先采取能够使用的方法，为退休生活不再为生计发愁而尽可能多地积累财富。

首先，如果雇主在一定范围内是等比例投钱到401（k）或403（b）账户，就要把这个额度用满。这样，如果你自己存入5 000美元，你的雇主也存入5 000美元，加起来你就能得到10 000美元的退休金——是你投入金额的两倍。尽量用其他的钱来开支，这样就能充分利用这个计划。考虑到这些投入都是免税的，你就能清楚地看到这是你能获得的极少数的"免费午餐"。

其次，主动地往401（k）账户存最大限额的资金。然后开一个IRAs账户。即使你无法立即享受税费减免，投资收益的复利能够免税，这也是一个巨大的好处，正如我们在图A－1中展示的那样。

你要知道这些避税退休金计划的一些缺点。在59.5岁之前，你不能把账户里的钱取出来，除非你丧失了工作能力。如果你要提前取现，则需要支付10%的罚款和适当的收入所得税。而且，无论取现多少，你都无法再享受未来的复利免税优惠。你必须按照计划不断往里存钱。在我们看来，退休金账户实际上是税收制度的一项重大好处，因为它极大地鼓励了民众勤俭节约和坚持到底。在这方面，税收制度鼓励我们去做的正是对我们最有利的事情。

↓ 教育储蓄的免税优惠

还有各种各样的税收优惠计划鼓励大家为将来的教育支出储蓄。最常见的是 529 大学储蓄计划。父母或祖父母可以利用此类储蓄计划进行投资，作为送给孩子的礼物，将来用作国家认可的高等教育的学费。个人可以往一个 529 账户最多存入 7.5 万美元。不需要缴纳赠与税，也不会影响遗产税抵扣。该账户的投资收益和复利都是免税的。两个家长可以每人存入 7.5 万美元，如果再加上四个有钱的祖辈，一个中学生的大学教育储蓄投资账户就能存入 45 万美元。尽管学费增长迅速，投资收益免税的 529 大学储蓄计划可以轻松负担最昂贵的私立大学的费用。如果你有孩子或孙辈，而且能拿出一部分钱，529 大学储蓄计划就是一个不用犹豫的好计划。

这些投资计划也有一些问题。如果资金没有用于国家认可的教育支出，取现就要支付收入所得税和 10% 的罚款。有些储蓄计划的管理费非常高。因此，确保让孩子去上大学，并且挑选一个管理费较低的计划。

　　这些教育储蓄计划由各州颁布实施，有的州（比如纽约州）允许你享受部分税费减免。如果你所在的州也有类似的计划，选择一个当地的特定计划。[①] 最后，如果你给一个过几年就要上大学的青少年创建了这样的账户，你最好把账户资金投资于一只短期债券基金，不久之后可能就要用到的这笔钱不应该投入股市。

---

　　① 　关于 529 大学储蓄计划和其他教育储蓄计划的详细情况，请登录 www.savingforcollege.com 查看。

推荐阅读

如果你想学习更多的投资知识，我们推荐阅读以下书籍。

John C. Bogle, *Common Sense on Mutual Funds: New Imperatives for the Intelligent Investor* (John Wiley & Sons, 2000).[1]

John C. Bogle, *The Little Book of Common Sense Investing: The Only Way to Guarantee Your Fair Share of Stock Market Returns* (John Wiley & Sons, 2007).[2]

Jonathan Clements, *25 Myths You've Got to Avoid——If You Want to Manage Your Money Right: The New Rules for Financial Success*(Fireside, 1999).

---

[1]　约翰·鲍格尔. 共同基金必胜法则——聪明投资者的新策略. 上海：上海财经大学出版社，2008. ——译者

[2]　约翰·博格. 长赢投资：打败股票指数的简单方法. 北京：中信出版社，2008. ——译者

Charles D. Ellis, *The Index Revolution: Why Investors Should Join* It Now (Wiley, 2016).[1]

Charles D. Ellis, *Winning the Loser's Game; Timeless Strategies for Successful Investing*, seventh edition (McGraw-Hill, 2017).[2]

Benjamin Graham, *The Intelligent Investor: The Definitive Book on Value Investing. A Book of Practical Counsel, with commentary by Jason Zweig* (HarperBusiness, 2003).[3]

Burton G. Malkiel, *A Random Walk Down Wall Street: The Time-Tested Strategy for Successful Investing*, twelfth edition (W. W. Norton & Co., 2020).[4]

David F. Swensen, *Unconventional Success: A Fundamental Approach to Personal Investment* (The Free Press, 2005).[5]

---

[1] 查尔斯·埃利斯. 指数革命：跟大师学指数投资. 北京：中国人民大学出版社，2018. ——译者

[2] 查尔斯·埃利斯. 赢得输家的游戏：精英投资者如何击败市场. 北京：机械工业出版社，2010. ——译者

[3] 本杰明·格雷厄姆. 聪明的投资者. 北京：人民邮电出版社，2010. ——译者

[4] 伯顿·麦基尔. 漫步华尔街. 北京：机械工业出版社，2002. ——译者

[5] 大卫·斯文森. 不落俗套的成功——最好的个人投资方法. 北京：中国青年出版社，2009. ——译者

David F. Swensen, *Pioneering Portfolio Management: An Unconven-tional Approach to Institutional Investment*, fully revised and updated (The Free Press, 2009).[①]

Andrew Tobias, *The Only Investment Guide You'll Ever Need* (Harvest Books, 2005).

Jason Zweig, *Your Money and Your Brain: How the New Science of Neuroeconomics Can Help Make You Rich* (Simon & Schuster, 2008).[②]

---

① 大卫·史文森. 机构投资的创新之路. 北京：中国人民大学出版社，2010. ——译者
② 贾森·茨威格. 格雷厄姆的理性投资学. 广州：广东经济出版社，2015. ——译者

致谢

威廉·鲁凯泽，是一位非凡的编辑，他运用娴熟的技能让每一页的内容更简明扼要。威廉，我们谨代表本书的读者感谢你。

我们还要向两位了不起的太太致敬，南希·韦斯·马尔基尔和琳达·科赫·洛里默。凡妮莎·莫布里、梅格·弗里伯恩和比尔·法伦提出了不少具有洞察力的问题和许多有益的建议。为把我们潦草的原稿整理为易读的版本，金伯利·布里德、安妮·达尼茨基、艾伦·迪皮波、凯瑟琳·福廷和雯妮·江作出了重要的贡献。

感谢普林斯顿大学经济政策研究中心的资助。

最后，非常感谢我们的学生和老师，以及投资行业的朋友们：彼得·伯恩斯坦、杰克·伯格、沃伦·巴菲特、戴维·多德、本·格雷厄姆、泰德·杰夫瑞、马蒂·莱博维茨、杰·莱特、查理·芒格、罗杰·默里、约翰·内夫、保罗·萨缪尔森、乔治·索特、比尔·夏普、大卫·史文森和吉姆·弗廷。拥有你们真幸运！

译后记

　　《投资的常识》这本书为马尔基尔和埃利斯两位大师所著，观点明确，内容简洁，本不需要狗尾续貂。但国内的读者可能会提出一个问题，在中国如何按照本书的方法投资呢？作为译者，也从事投资的我，觉得有必要帮助读者解惑。

　　中国居民和美国居民在理财方面有着非常大的差异。第一，美国居民的财富主要配置在金融资产上，而中国居民的财富主要配置在房产上。根据 Wind 数据，2020 年 6 月末美国家庭和非营利组织总资产达到 135 万亿美元，房地产占比 25.4%，金融资产占比 69.8%。金融资产中，股票和基金占比 21.4%，保险和养老金占比 21.7%，存款占比 11.6%，其他金融资产占比 15.1%。考虑到保险和养老金还会投资债券、股票、基金，因此金融资产在总财富中的占比更高。金融投资的结果几乎决定了大部分人的财富状况。

与美国不同，中国居民主要将财富配置在房产上，股票和基金占比较低。根据中国人民银行的调查数据，2019年中国城镇家庭资产中 59.1% 为住房，20.4% 为金融资产，金融资产又以无风险的存款和银行理财为主，股票和基金合计占比还不到 3%。房产总价高，购房按揭贷款带来高杠杆，房产投资成功与否会带来极大的财富差异。所以购买住房是大部分中国人最为重要的投资决策。

第二，中国股票市场和债券市场都与美国有较大的差异。与欧美成熟的市场不同，中国股票市场仅有 30 多年的历史，2015 年以后大量的股票上市，A 股上市公司的数量从 1 500 家左右快速增加到 4 500 多家，股票自由流通市值也增长了 10 倍多。许多行业处于快速发展过程中，企业利润增速很快，扩张速度也很快，竞争可能导致未来行业格局发生重大变化。股票市场中有大量类似风险投资的机会，投资机会多，但风险也大。同时，法律制度和监管机制还在不断完善之中，上市公司的公司治理仍然薄弱。

因为欧美国家普遍已经进入零利率时代，中国国内债券资产投资回报明显高于欧美。究其原因，一方面，中国国内利率较高，另一方面也跟国有银行主导的信贷市场竞争不够充分，抬升了资金成本有关。虽然刚性兑付被打破，但债券违约仍属偶发现象，大部分投资者仍将债券视为无风险收益。

随着银行理财和信托产品净值化，刚性兑付被打破，追求稳健收益的投资者不能像过去一样，不假思索地买入保本保收益的理财产品了。随着国内利率的下行，债券收益可能会长期下行，而优质的股权资产会有更好的投资回报。

第三，税收制度显著不同。中国投资股票仅仅收取交易印花税和股息所得税①，资本利得并不征税。此外也没有遗产税。在美国通过各种免税计划（如个人退休金计划）进行投资非常重要，而中国投资避税的问题并不重要。

本书介绍的几种重要的投资方法，中国都是适用的，只是与美国的情况略有差异。

第一，国内主动型基金虽然能跑赢指数，但资产指数化仍然是更合适的选择。

---

① 个人买卖股票、债券和基金不需要缴纳增值税。

　　与美国不同，在中国股票市场，主动管理型公募基金
跑赢指数的比例较高。根据 Wind 统计 ①，2017—2020 年主动
型基金平均收益率为 114%，远超过沪深 300 指数的收益率
57.43%，200 只产品中有 165 只跑赢了沪深 300 指数，比例
达到 82.5%，可能原因如下：

　　一是指数编制不合理，沪深 300 指数存在未考虑除息
和再融资、银行股占比过大、部分优质新股未编入等缺点。
上证指数的缺点同样很多，相关的研究较多，这里不展开
论述。

　　二是公募基金可以参与新股网下发行，有较高中签率
和获配比例 ②，可以获得一定的无风险收益。据中信证券估
算 ③，2020 年规模在 10 亿元和 5 亿元的股票型公募基金，
打新收益率可达 6.5% 和 10.3%。如此高的打新收益，足以
覆盖管理费用和主动管理跑输的部分，积累几年确实会产生

---

　　①　统计 2017 年 1 月 1 日至 2020 年 12 月 31 日的全部普通股票基金
的净值复权增长率，不含混合类和被动指数基金。
　　②　新股上市的网下打新制度中，将投资者分为三类，A 类为公募基
金、社保基金，B 类为企业年金、保险，C 类为券商、个人、私募等，获
配比例从大到小为 A>B>C。
　　③　中信证券研究报告《2020 年网下打新盘点及展望：暗香盈袖，海
棠依旧》，2021 年 1 月。

显著超过指数的收益。随着新股定价方式的变化，这种制度红利未来可能会大幅下降甚至消失。[1]

三是 A 股市场成熟度低、信息不对称，机构投资者相较散户而言更具信息优势，战胜指数基金也相对容易。

四是基金申购费和赎回费在产品之外单独计算，所以投资者实际收益要逊色一些。股票基金普遍的认购费都超过1%，此外，如果持有期较短还会收取一定的赎回费。

从历史数据来看，主动型基金更好，但随着新股定价机制的变化和市场成熟度的提升，未来主动型基金跑赢指数可能会更加困难。

如果未来新股红利消失，和书中两位作者的观点一样，我仍然推荐投资者选择购买指数基金作为主要的投资工具。因为选优秀的主动型基金和选股票一样困难，投资指数基金避免犯错，也会减少认购费等隐形成本。此外，通过互联网渠道购买存续基金，可以大幅降低基金申购费。

---

① 中国证监会于 2021 年 9 月 18 日发布了《关于修改〈创业板首次公开发行证券发行与承销特别规定〉的决定》，优化定价机制安排和强化报价行为监管，推动市场化发行。新规修订后，有效报价区间显著拓展，报价入围率明显下滑，定价中枢有所上移，中签率中枢上升，多只新股上市首日跌破发行价。

国内 ETF 基金比普通指数基金更适合投资，不但有普通指数基金组合透明、管理费率低的优点，还像股票一样买卖方便，且不用交印花税，在场内买入 ETF 基金还可以节省认购费。此外 ETF 基金比普通指数基金使用效率更高，参与门槛更低。

第二，多元化投资要重视海外上市的中国企业。

过去十几年中国一直是世界上经济增长速度较快的国家，已经成为世界第二大经济体，上海、深圳和香港上市公司市值总额也仅次于美国。与欧美国家不同，国内大部分普通投资者进行全球化投资的热情似乎不高。当然，随着国内经济增长速度下降和居民财富增长，海外投资会受到越来越多的关注。

需要注意的是，中国企业上市地不仅仅是上海和深圳，一些优秀的企业，尤其是互联网和生物医药企业往往选择在中国香港或美国上市，比如腾讯、阿里巴巴、美团、贝壳、百济神州等。这些公司并不在上证 50、沪深 300 等国内指数中。所以仅仅投资 A 股的指数基金无法反映中国经济增长的全貌。

由于中国外汇管制的原因，直接投资海外的途径比较少，投资者可以通过 ETF 基金进行相关的投资，例如，通过 H 股 ETF、恒生 ETF 等工具投资港股，通过投资中概互联网 ETF、中概互联 50ETF 等，投资美国上市的中概股。如果确实有海外投资的需要，可以投资标普 500ETF、纳指 ETF、日经 ETF 等实现海外资产的配置。

第三，定投未必会改善收益，但有助于投资计划的执行。

本书介绍的定投方法很适合个人投资者，但定投能否改善投资收益，取决于后续市场的走势。下跌和震荡市况下会改善收益，而持续上涨的情况下，会比在低点大量买入的收益差。如果能够参考股市的估值水平，当指数估值处于历史上较高分位的时候，取消定投，而在估值水平处于历史较低分位的时候，加大投资力度，应该会有更好的效果。

定投的优点不在于改善收益，而在于以下几点：一是避免投资者在高点一次性买入而遭受较大损失；二是克服个人投资者普遍存在的"频繁交易""追涨杀跌"等不良投资行为；三是易于执行，有助于形成良好的储蓄和投资习惯。

本书介绍的其他投资方法也都非常有用，如设定股票和债券资产的比例、定期调整投资组合等，读者可以根据自己的经济情况、风险承受能力参考执行。

感谢中国人民大学出版社的李伟老师，为本书的出版付出了很多心血和努力！本书中的一些表述参考了前一版，对译者黎木白老师表示感谢！

朱振坤

信达证券投资总监、基金经理

The Elements of Investing: Easy Lessons for Every Investor, 10th Anniversary Edition by Burton G. Malkiel and Charles D. Ellis

ISBN: 9781119773733

图书在版编目（CIP）数据

投资的常识：10 周年纪念版 /（美）伯顿·马尔基
尔，（美）查尔斯·埃利斯著；朱振坤译. --北京：中
国人民大学出版社，2022.5
ISBN 978-7-300-30430-4

Ⅰ.①投… Ⅱ.①伯… ②查… ③朱… Ⅲ.①投资 -
基本知识 Ⅳ.① F830.59

中国版本图书馆 CIP 数据核字（2022）第 049111 号

投资的常识（10 周年纪念版）

[美] 伯顿·马尔基尔
    查尔斯·埃利斯   著

朱振坤　译
Touzi de Changshi

出版发行	中国人民大学出版社	
社　　址	北京中关村大街 31 号	**邮政编码**　100080
电　　话	010 - 62511242（总编室）	010 - 62511770（质管部）
	010 - 82501766（邮购部）	010 - 62514148（门市部）
	010 - 62515195（发行公司）	010 - 62515275（盗版举报）
网　　址	http://www.crup.com.cn	
经　　销	新华书店	
印　　刷	北京联兴盛业印刷股份有限公司	
规　　格	148 mm × 210 mm　32 开本	**版　　次**　2022 年 5 月第 1 版
印　　张	6.125 插页 2	**印　　次**　2025 年 10 月第 13 次印刷
字　　数	86 000	**定　　价**　59.00 元

版权所有　侵权必究　印装差错　负责调换